つくって学ぶ

アクティブラーニング

Active Learning
Achieved by Students
Creating Learning
Materials, Classes,
and Workshops

東京大学教養教育
高度化機構EX部門 編

東京大学出版会

Active Learning Achieved by Students Creating Learning Materials,
Classes, and Workshops

Division of Educational Transformation,Komaba Organization for Educational
Excellence (KOMEX) , The University of Tokyo, Edtiors

University of Tokyo Press, 2025

ISBN978-4-13-053201-3

つくって学ぶアクティブラーニング

目　次

はじめに　　　　　　　　　　　　　　　　　　　　　　　　若杉桂輔・中澤明子

   1. 東京大学におけるアクティブラーニングの推進 ················· 3

   2. 本書の目的と構成 ·· 4

第 1 章　つくって学ぶアクティブラーニングのデザイン

　　　　　　　　　　　　　　　　　　　　　　　　　　　　　中澤明子

   はじめに ··· 7

   1. 複雑化する社会への対応と教育の変化 ······························· 7

   2. つくって学ぶ授業 ··· 9

   おわりに ··· 15

第 2 章　教材をつくる I

──論文執筆ゼミナールにおけるルーブリック作成の事例

　　　　　　　　　　　　　　　　　　　　　　　　　　　　　中村長史

   はじめに ··· 19

   1. 何を誰に向けて何のためにつくるのか ······························· 20

   2. どのようにつくるのか ··· 23

   3. つくって学ぶことの利点と留意点 ···································· 26

   おわりに ··· 27

第 3 章　教材をつくる II ──シリアスゲームデザインの事例

　　　　　　　　　　　　　　　　　　　　　　　　　　　　　標葉靖子

   はじめに ··· 29

   1. 何を誰に向けて何のためにつくるのか ······························· 30

   2. どのようにつくるのか ··· 32

   3. つくって学ぶことの効果・利点 ······································ 39

   おわりに ··· 41

第 4 章　教材をつくるⅢ：オープン教材
──デジタルリテラシーを学ぶための教材制作

重田勝介

はじめに ……………………………………………………………………… 43

1. 何を誰に向けて何のためにつくるのか ……………………………… 44

2. どのようにつくるのか ………………………………………………… 47

3. つくって学ぶことの効果・利点 ……………………………………… 50

おわりに ……………………………………………………………………… 51

第 5 章　教材をつくるⅣ
──オープンエデュケーションについて学べる教材制作の事例

中澤明子

はじめに ……………………………………………………………………… 53

1. 何を誰に向けて何のためにつくるのか ……………………………… 54

2. どのようにつくるのか ………………………………………………… 55

3. つくって学ぶことの効果・利点 ……………………………………… 60

おわりに ……………………………………………………………………… 62

第 6 章　教材をつくるⅤ──国際紛争ケースブックの事例

中村長史

はじめに ……………………………………………………………………… 65

1. 授何を誰に向けて何のためにつくるのか …………………………… 66

2. どのようにつくるのか ………………………………………………… 68

3. つくって学ぶことの利点と留意点 …………………………………… 70

おわりに ……………………………………………………………………… 72

第 7 章 授業をつくる I ──SDGs を学べる授業案設計の事例

中村長史・中澤明子

はじめに ……………………………………………………………………… 75

1. 何を誰に向けて何のためにつくるのか ……………………………… 76

2. どのようにつくるのか ………………………………………………… 77

3. つくって学ぶことの効果・利点 ……………………………………… 82

おわりに ……………………………………………………………………… 84

第 8 章 授業をつくる II ──反転授業制作の事例　　福山佑樹

はじめに ……………………………………………………………………… 87

1. 何を誰に向けて何のためにつくるのか ……………………………… 88

2. どのようにつくるのか ………………………………………………… 90

3. つくって学ぶことの効果・利点 ……………………………………… 95

おわりに ……………………………………………………………………… 96

第 9 章 ワークショップをつくる　　町支大祐

はじめに ……………………………………………………………………… 99

1. 何を誰に向けて何のためにつくるのか ……………………………… 100

2. どのようにつくるのか ………………………………………………… 101

3. つくって学ぶことの効果・利点 ……………………………………… 114

おわりに ……………………………………………………………………… 114

第10章　座談会　「つくって学ぶアクティブラーニング」の
　　　　　　　　デザイン原則
　　　　　　　　司会　中澤明子
　　　　　　　　参加者　中村長史・標葉靖子・重田勝介・
　　　　　　　　福山佑樹・町支大祐

はじめに ……………………………………………………… 119

1. つくることの位置づけとつくる理論・方法の学習 ……… 119

2. グループ分けの方法とインプットの重要性 ……………… 123

3. フィードバックの方法 ……………………………………… 127

4. フィードバックの難しさ …………………………………… 131

5. 制作物の適切な分量とフィードバックの受け止め方 …… 133

6. つくって学ぶ授業の利点 …………………………………… 136

7. つくって学ぶ授業の難しさ ………………………………… 139

8. つくって学ぶ授業をする教員へのメッセージ ………… 149

おわりに　153

つくって学ぶアクティブラーニング

はじめに

若杉桂輔・中澤明子

1. 東京大学におけるアクティブラーニングの促進

東京大学教養学部では、2007 年に KALS（駒場アクティブラーニングスタジオ）を設置し、この教室を拠点としてアクティブラーニングの実施と促進を進めてきました。これまでの経緯については、『東京大学のアクティブラーニング—教室・オンラインでの授業実施と支援—』（2021 年）、『アクティブラーニングのデザイン』（2016 年）（いずれも東京大学出版会）にて詳しく述べられていますので、ぜひご覧ください。

教養学部においてアクティブラーニングの普及・促進を担っていたのは、教養教育高度化機構アクティブラーニング部門でした。アクティブラーニング部門は、2023 年 4 月、初年次教育部門、自然科学教育高度化部門と統合され、EX（Educational Transformation）部門ができました。EX 部門は、教養学部で重要性を増す初年次教育の充実をより一層図ることを目指しています。とりわけ、教育 DX（デジタルトランスフォーメーション）を活用した能動的学習（アクティブラーニング）手法の展開に取り組み、教育の質的転換（EX）を図ることを使命としています。アクティブラーニング部門で担っていたアクティブラーニングの普及・促進の取り組みは、現在、EX 部門で継続して取り組まれています。

東京大学でのアクティブラーニングの状況は、KALS が設置された 2007 年、アクティブラーニング部門ができた 2010 年から大きく変化しています。教養学部では、アクティブラーニングを取り入れることを前提とする授業が増え、アクティブラーニングは授業手法として当たり前となりつつあります。たとえば、少人数チュートリアル授業である初年次ゼミナールが 2015 年度から開始されました。この授業には、学生が基礎となる学術的スキルを早期に習得するとともに、学士課程全体を通して能動的な学習への動機づけを図るねらいがあります。

　一方で、手法として当たり前になりつつあるからこそ、アクティブラーニングの質を高め効果的に実施することを継続して検討せねばなりません。そこでアクティブラーニングの普及・促進の取り組みが重要になります。アクティブラーニングの普及・促進のために、以下の取り組みを主に行っています。

①KALS で行われる授業の支援・運用管理
②ニューズレターの発行（年 4 回）
③ワークショップの開催（年 5 回）
④アクティブラーニングの授業モデル開発（授業の実施）
⑤ウェブサイトや冊子、書籍、学会などでの成果報告

　2023 年度からは、アクティブラーニングにおける生成 AI の活用に着目し、授業モデル開発（授業の実施）やワークショップ等での実践事例の共有を行っています。社会・大学の状況に応じて、アクティブラーニングに関する授業実践を行い情報を発信しています。これらの普及・促進の取り組みのうち、本書は、アクティブラーニング部門時代から取り組んでいたアクティブラーニングの授業モデル開発の成果の一部をまとめたものです。本書がアクティブラーニングの普及・促進、とくにアクティブラーニングの質を高め効果的な実施のための役割を担うことを願います。

2. 本書の目的と構成

　本書の目的を述べる前に、アクティブラーニングの定義を確認します。

Input	Transform	Output
資料、データ、映像、情報など	比較、分析、批評、評価、判断など	発表、レポート、論文、作品など

図1. 東京大学でのアクティブラーニング

　東京大学では、アクティブラーニングを「データ・情報・映像などのインプットを、読解・ライティング・討論を通じて分析・評価し、その成果を統合的にアウトプットする能動的な学習」であると考え、活動を進めてきました（図1）。学術研究では、「一方向的な知識伝達型講義を聴くという（受動的）学習を乗り越える意味での、あらゆる能動的な学習のこと。能動的な学習には、書く・話す・発表するなどの活動への関与と、そこで生じる認知プロセスの外化を伴う」[1] というアクティブラーニングの定義がよく引用されます。

　いずれにも共通することは、アクティブラーニングでは、学生はただ講義を聴いているだけではなく、自分で思考し、それを議論や発表の場で表明することです。アクティブラーニングにおいては、学生自身が頭を働かせる活動を行います。このとき、頭を働かせる方法はさまざまあるでしょう。たとえば、パソコンを使ったデータ解析、他者と議論しながらテーマについて考えることなど、一人で集中して行う活動もあれば、グループで行う活動もあるでしょう。

　本書では、その方法として、「つくること」に焦点を当てます。何かを「つくる」時に、学生が頭を働かせ、その結果、学習内容への理解を深めることを目指す授業です。絵画などのように「つくること」そのものが目的というよりは、学習目標に到達するために「つくる」という手段を選択するのです。すなわち、「つくって学ぶ」授業です。

　このように、本書では、「つくること」を目的とする科目（例：プログラミング、絵画、陶芸）ではなく、一見「つくること」とは関係なさそうな科目においても、教材や授業、ワークショップ等の作成を通して学習内容への理解を深めたりスキルを身につけたりできることを示します。また、授業への効果的な導入方法について理論と事例の両面から具体的に紹介することで、「つくって学ぶアクティブラーニング」の普及に向けた先駆的

テキストとなることを目指します。

　この目的を達成するため、本書は「第1部：理論」と「第2部：事例」とで構成されます。「第1部：理論」（第1章）では、「つくって学ぶ」授業に関連する理論を紹介します。「第2部：事例」のうち、第2章〜第9章では、「つくって学ぶ」授業の事例を紹介します。事例で学生が「つくる」ものは、ルーブリック、ゲーム、教材、ケースブック、授業、反転授業、ワークショップと多岐にわたります。それぞれの授業において、学生が何を誰に向けて何のためにつくるのかを整理しながら、どのようにつくり、学生の成果物をどのように活用するかといった詳細と、つくって学ぶことの効果・利点を具体的に説明します。東京大学で開講している授業に加えて、ほかの国立大学や私立大学の授業を紹介します。第10章では、各授業の実践者による座談会を掲載します。座談会では、「つくって学ぶ」授業を進める際の実践的なポイントや困難・課題が語られており、試行錯誤の様子がわかります。きっと、これから同様の授業を行おうと考える方々にとって参考になる内容でしょう。

　それでは、さっそく、「つくって学ぶアクティブラーニング」の紹介へと移りましょう。授業を見学しているかのような気持ちで、それぞれの事例に触れてみてください。

（注）
1）　溝上慎一（2014）アクティブラーニングと教授学習パラダイムの転換. 東信堂　p.7

第1章

つくって学ぶアクティブ ラーニングのデザイン

中澤明子

はじめに

　本章では、「つくって学ぶアクティブラーニング」に関連する社会的背景や理論などを述べたうえで、第2章以降の事例を読み解くための枠組みを提示する。

　そのために、まず、教育において形成が期待される能力やその育成方法について概観し、次につくることで学ぶ授業に関連する理論・手法、特徴や授業の枠組み（授業の構成・要素）を述べる。これらが、つくって学ぶアクティブラーニングをデザインする際の一助となることを目指す。

1. 複雑化する社会への対応と教育の変化

1.1　教育において形成が期待される能力

　教育において形成が期待される能力は時代とともに変わってきた。松下[1]は、1980年代以降、とりわけ90年代に入ってから教育目標に掲げられるようになった能力に関する諸概念を〈新しい能力〉概念と総称している。そこでは、〈新しい能力〉として、生きる力、キー・コンピテンシー、社会人基礎力、学士力などが挙げられている。ほかにも21世紀型ス

キルも〈新しい能力〉に含まれるであろう。

こうした〈新しい能力〉の形成が求められるようになった背景として、「グローバルな知識経済への対応の必要性」等[2]や、「技術の進歩と仕事の変容」や「不確実化と世界の変容」[3]などが挙げられる。すなわち、複雑化する社会を生き抜くためには、〈新しい能力〉を獲得することが必要である。

とりわけ、不確実、複雑で曖昧な社会に対応できるよう、OECDはラーニング・コンパス（学びの羅針盤）[4]を提示している。ラーニング・コンパスは「教育の未来に向けての望ましい未来像を描いた、進化し続ける学習の枠組み」であり、「2030年以降も活躍するために必要なコンピテンシー[5]の種類に関する幅広いビジョンを提供」[6]している。とくに、「エージェンシーがラーニング・コンパスの中心的な概念」[7]である。ラーニング・コンパスにおけるエージェンシー（Student agency）とは、「変革を起こすために目標を設定し、振り返りながら責任ある行動をとる能力」[8]である。エージェンシーは、学習目標、すなわち育成が求められるものでもあり、同時に学習プロセス、すなわちすでに持っているエージェンシーを活用していくものである[9]。エージェンシーの感覚を身につけることで、逆境に乗り越えられるようになる[10]と述べられており、不確実、複雑で曖昧な社会に対応するためには不可欠な要素である。

このように、社会が変化することで、教育において形成が期待される能力が変わってきている。それでは、これらをどのように身につければよいのであろうか。

<u>1.2　どのようにして身につけるのか</u>

アクティブラーニングは、教育において形成が期待される〈新しい能力〉の育成方法の一つとして捉えられている。たとえば、「アクティブラーニングは時代に対応した高度な能力を育てるための方法として位置付けられるようになった」[11]、「〈新しい能力〉を形成するための教育方法として、大学教育において近年普及してきたのが、アクティブラーニングである」[12]という指摘がある。

「はじめに」で述べたとおり、アクティブラーニングでは、インプット

に加えて分析・評価や書く・話す・発表するなどの活動を行う。そこでは、個人での活動だけでなく、ペアやグループなど他者と議論することも行われる。ときには、学生は対立する意見をすり合わせ、交渉することも行うであろう。それらの一連の学習活動を通じて、学生は、知識だけでなく対人関係の能力やコミュニケーションに関するスキルを身につけるのである。

このように、アクティブラーニングは、〈新しい能力〉の形成方法として期待され、導入されている。それでは、本書で取り上げる「つくって学ぶ」授業は、アクティブラーニングとどのように関係しているのであろうか。次節では、つくって学ぶ授業に関連する理論・手法を通してつくって学ぶ授業の特徴を述べ、さらに本書における授業の枠組みを説明する。

2. つくって学ぶ授業

2.1 関連する理論・手法

つくって学ぶと聞いた時、どのような授業や学習活動を思い浮かべるであろうか。絵を描いたり彫刻や陶芸をつくる授業や、プログラミングを行う授業を思い浮かべる人がいるかもしれない。「はじめに」で述べたように、本書では学習目標に到達するためにつくる手段をとり、つくることで学習内容への理解を深めたりスキルを身につけたりする授業を「つくって学ぶ」授業と呼ぶ。このような授業の背景にある関連する理論や手法を紹介し、「つくって学ぶ」授業がどのような特徴を持つのかを考察する。

まず、「つくること」に焦点を当てた場合に関連するのが構築主義（Constructionism）である。構築主義は、学習におけるものづくりに焦点を当てており、人工物とのやり取りによって新しい知識の構築が促されるという考え方である[13]。構築主義の影響を受けた学習形態の一つに、メイカー教育（Maker education）がある。メイカー教育では、3Dプリンターやレーザーカッターなどの工学的な道具による実践や、裁縫や木工など、芸術と設計、工学、伝統工芸にまたがる実践で物理的な作品が作成される[14]。そのため、様々な道具を備えた工房が置かれることが多い。また、Hsuらによると、学習者がSTEM（Science；科学、Technology；技術、Engineering；工学、Mathematics；数学）科目に取り組む[15]ことを促す

方法として捉えられることもある[16]。さらに、Hsu らは、メイカー教育では、「製作のための学習という方向よりも、学習のための製作という方向に価値を見出して」おり、「できあがった作品よりも作るプロセスに重点」があると述べている。換言すると、「つくることを通して学ぶ」ということである。「つくることを通して学ぶ」という点は、つくって学ぶ授業とも共通する。一方で、メイカー教育ではデジタルやアナログの技術を使って何らかの形の定まったものをつくることが多い点や、STEM 科目と関連づけて捉えられる点は、つくって学ぶ授業とは異なる。すなわち、つくって学ぶ授業では、成果物として形の定まったもの以外がつくられることもあり、特定の学習分野に限定された手法というわけではない。

　次に、前節でも取り上げたアクティブラーニングとつくって学ぶ授業について考える。アクティブラーニングを効果的に行うには、内化と外化が必要とされる[17]。内化とは「"読む""聞く"等を通して知識を習得したり、活動（外化）後のふり返りやまとめを通して気づきや理解を得たりすること」であり、外化とは「"書く""話す""発表する"等の活動を通して、知識の理解や頭の中で思考したことなど（認知プロセス）を表現すること」[18]である。授業においては、たとえば短い講義を行ったあとで問いについてペアで議論し、さらに一人で問いについて再度考えるといった、内化と外化とを組み合わせた学習活動を行うことで、アクティブラーニングを効果的に行える。つくって学ぶ授業では、内化（講義や思考、振り返り）と外化（ペアやグループでの議論、発表）を組み合わせて授業が展開される。くわえて、つくって学ぶ授業の結果として完成される成果物そのものが外化の結果そのものである。すなわち、つくることは外化である。つくって学ぶ授業では、つくる過程において内化と外化が生じ、さらにつくるものそのものが外化によるものであると考えられる。

　アクティブラーニングを実現するための方法はさまざまあるが、山内は3つのレベルに分けている（図1）。この3つのレベルのうち、つくって学ぶ授業はどこに位置づけられるであろうか。

　つくって学ぶ授業には、ペアやグループで議論することが含まれる。それは、グループで成果物を作成するだけでなく、個人で成果物を作成する場合でも相互評価（ピア・レビュー）[19]を行うことが多々あるからである。

```
レベル3：問題の設定と解決
例：問題基盤型学習・プロジェクト学習
```

```
レベル2：葛藤と知識創出
例：相互教授・協調学習
```

```
レベル1：知識の共有と反芻
例：ミニットペーパー・自由記述
```

図1. 山内（2018）によるアクティブラーニングの方法に関する3レベル

その点において、レベル2の「多様な背景を持つ複数の学習者が相互作用すると意見のぶつかりあいが起きるが、それを乗り越える過程で新たな知識が生み出される」[20] に当てはまると考えられる。

それでは、レベル3[21] はどうであろうか。プロジェクト学習／課題解決型学習（Project-based learning）において学習者は、自明でない問題の解決策を、疑問の設定と洗練、アイデアの議論、予測、計画や実験の立案、データ収集・分析、結論の導出、アイデアや発見の他者への表明、新たな疑問の設定、成果物の作成を通じて追求する[22]。とくに特徴的なのは、活動を組織化し推進するための疑問・問題を必要とし、活動の結果、疑問・問題に対する解決策となる成果物が生み出される点である[23]。また、疑問・問題は、「自分にとって重要で」、「リアルで有意味」[24] なものである。しかし、つくって学ぶ授業は、必ずしも疑問・問題を活動の起点とはしない。その点において、プロジェクト学習／課題解決型学習とは異なるといえよう。一方、共通点もある。通常プロジェクト学習／課題解決型学習は、1回の授業だけでは完結しない。つくって学ぶ授業も同様に、1回の授業だけでなく複数回あるいは授業期間全体を通して、学生が成果物をつくるというプロジェクト／課題に取り組む。また、プロジェクト学習／課題解決型学習もつくって学ぶ授業も、成果物を作成する点は共通している。

このように考えると、つくって学ぶ授業は、アクティブラーニングの方法に関するレベルでは、レベル2とレベル3のちょうど中間くらいに位置づけられるのではないだろうか。

2.2 つくって学ぶ授業の特徴

　前項で述べた関連する理論や手法を踏まえると、本書で取り上げる「つくって学ぶ」授業には以下の特徴がある（表1）。

　第1に、つくって学ぶ授業は、特定の学習分野に限定された手法ではない。つまり、学習内容や授業の科目はどのようなものでもよい。表1のとおり本書で取り上げる事例においても多様である。

　第2に、つくって学ぶ授業でつくられる成果物は、内容が固定され形の定まったものに限らずさまざまである。本書では、ルーブリックやゲーム、オープン教材のような形の定まったものをつくる事例もあれば、授業やワークショップのような形がないものをつくる事例もある。もちろん、授業やワークショップも授業案やタイムテーブルなどはつくられるが、実際の授業やワークショップは参加者との相互作用を受けて変化することもあり必ずしも固定的なものではない。

　第3に、つくって学ぶ授業の成果物は、他者との相互作用を通してつくられる。グループで成果物をつくる授業はもちろんであるが、個人で成

表1.「つくって学ぶ」授業の特徴

特徴	授業事例で該当する内容
1. 学習内容の科目は問わない	・学術論文の「型」と「作法」（第2章） ・社会課題の構造・システム（第3章） ・デジタルリテラシー（第4章） ・オープンエデュケーション（第5章） ・国際紛争の5W1H（第6章） ・SDGs（第7章） ・教育工学の開発研究（第8章） ・アクティブラーニング（第9章）
2. 成果物は形の定まったものだけではない	・授業（第7章、第8章） ・ワークショップ（第9章）
3. 他者との相互作用を通してつくる	・グループでの作成（第2章、第3章、第5章〜第9章） ・相互評価（ピア・レビュー）（第3章〜第8章、第9章）
4. 1回の授業だけでなく複数回あるいは授業期間全体を通してつくる活動に取り組む	・すべての事例
5. 疑問・問題の解決を目指すわけではない	・すべての事例

果物をつくる場合であっても相互評価において他者と相互作用し、成果物
をつくりあげる。

第4に、つくって学ぶ授業では、複数回の授業や授業期間全体を通し
て学生がつくる活動に取り組む。実際につくる活動は複数回であっても、
その準備のための授業がそれ以前にある事例がほとんどであり、いずれの
事例も結果として授業期間全体を通してつくる活動に取り組むとも捉えら
れる。

第5に、つくって学ぶ授業の目的は、必ずしも疑問・問題の解決を目
指すわけではない。この点は、プロジェクト学習／課題解決型学習との対
比による特徴である。学生自身が問題を設定したり、あるいは現実にある
問題を解決したりするためにつくるわけではない。

本書で取り上げるつくって学ぶ授業には、このような特徴があると考え
られる。それでは、つくって学ぶ授業はどのような授業の枠組みで進めら
れるのであろうか。

2.3　本書におけるつくって学ぶ授業の枠組み

本書では、つくって学ぶ授業の枠組みとして、Lee & Hannafin によ
る所有・学習・共有（Own it, Learn it, and Share it）[25]のデザインモデ
ルを参考とする。所有・学習・共有は、学習者中心の学習、すなわち、学
習者が学習内容を受動的に受け取るだけではなく、学習に責任を持ち、知
識を再構築する学習におけるデザインモデルを示している。Lee &
Hannafin は、こうした学習の手法としてプロジェクト学習／課題解決型
学習や問題基盤型学習などを挙げている。このモデルは、「先行研究の文
献レビューに基づいて実践者向けの教育設計モデルを構築して」[26]いる。
また、学生が自律的に学習し、目標に到達するための足場かけを提供する
ことを重視し、10 のデザインガイドライン（表 2）が述べられている。つ
まり、学習者中心の学習の授業をどのように構成し、講師が学習者にどの
ような支援を行えばよいのかが示されている。とくに、聴衆に成果物を見
せて共有すること（共有；Share it）が特徴的である。そこでは、「学生と
聴衆との対話を促進する」、「有益なピア・レビューを促す」がガイドラ
インとして挙げられている。

表2. Own it, Learn it, and Share it のデザインの前提とデザインガイドライン

	所有（Own it）	学習（Learn it）	共有（Share it）
デザインの前提	・理論的根拠の内化 ・価値の承認 ・個人的に意味のある選択 ・目標設定	・個人のニーズ ・励ましとモデリング ・進捗の確認 ・ツールとリソース	・成果物の作成 ・本物の聴衆 ・ピア・レビュー ・Web 2.0 での配布
デザインガイドライン	1. 外部目標の承認を促す 2. 具体的な個人目標を立てる機会を提供する 3. 重要な選択肢を与える	4. 取り組みを開始する際に明確な指示を出す 5. ツールとリソースの選定と使用をサポートする 6. さまざまなニーズをサポートするプロンプト[27] 7. その分野で使用される用語を統合する 8. 学生による進捗管理のサポート	9. 学生と聴衆との対話を促進する 10. 有益なピア・レビューを促す

(Lee & Hannafin の Fig. 2 の一部を筆者が訳した)[28]

　本書で紹介する事例においても、学習者は学習内容を受動的に受け取るだけでなく、つくることを通じて知識を再構築する過程を含んでいる。また、先述の通り、Lee & Hannafin が手法として挙げているプロジェクト学習／課題解決型学習と共通する点がある。そのため、授業の構成や授業を担当する教員が行う支援について各事例を読み解くために、このデザインモデルが参考になると考えた。本書においても、共有にあたるものを重視した。すなわち、何らかの物をつくって終わるのではなく、成果物を誰かと共有したり披露したりすることを実施する授業に焦点を当てる。Lee & Hannafin では共有について、成果物の作成は学生がデザインし、開発し、共有することを通して明確に考えることを求め、視点を比較・交渉・調整し、それぞれの理解を確認することで、理解が相互に深まると述べられている。つまり、成果物をつくり、誰かに共有することで思考や理解が深まる。すでに述べたように本書では、「つくって学ぶ」授業に焦点を当てる。つくることが目的ではなく、つくることを通して学ぶことを目指した授業である。所有も学習も重要ではあるものの、とりわけ共有が肝

表3. 次章以降の事例の説明で含まれる項目

項目	内容
何を誰に向けて何のためにつくるのか	作成物：授業で学生がつくる物・内容
	目的：授業の目的と作成する目的
どのようにつくるのか	作成の手順：授業において学生が作成する流れ、作成に必要なツールやリソースなど
	改善の手順：成果物を改善する方法や手順
	作成物の活用：成果物の共有・披露の方法
つくって学ぶことの効果・利点	学生の反応や教員自身の感想

要と考える。

　次章以降では、つくって学ぶ授業の事例が紹介される。事例は、所有・学習・共有のモデルを参考に検討された表3の項目に基づいて詳述される。また、表4は、表3のうち「何を誰に向けて何のためにつくるのか」を事例ごとに示したものである。これを見ると、事例によって作成物や対象、目的が多彩であることがわかるであろう。大別すると、第2章から第6章までは「教材をつくって学ぶ」事例、第7章と第8章は「授業をつくって学ぶ」事例、第9章は「ワークショップをつくって学ぶ」事例である。次章以降では、それぞれの事例の項目を比較しながら読んでいただきたい。

おわりに

　本章では、教育において形成が期待される能力やその育成方法について概観したうえで、つくって学ぶ授業に関連する理論・手法、特徴や授業の枠組みを述べた。つくって学ぶ授業は、メイカー教育やプロジェクト学習といった手法と似通っているものの、異なる点があることがわかった。さらに、最後に提示した授業の枠組みを意識することで、次章から始まる事例を同じ視点で捉えられ、相違点にも気づきやすくなるであろう。

　また、これからつくって学ぶ授業に取り組みたいと考える人にとって、本章が参考になれば幸いである。

表 4. 事例一覧

	何を つくるのか	誰に向けて つくるのか	何のために つくるのか
第2章	政治学系論文を評価するルーブリック	受講者自身 教員	学術論文の「型」と「作法」の理解を促すため
第3章	科学技術と社会をつなぐアナログゲーム	中高生以上	①社会課題の構造・システムについての多面的な理解を深める、②アイデアを自分たちで形にする共創プロセスを実践的に学ぶため
第4章	情報社会に関連するオープン教材	次年度の受講者	情報社会に関する知識や技能を実践的に習得するため
第5章	オープンエデュケーションについて学べるオープン教材	大学生	オープンエデュケーションへの理解を深めるため
第6章	国際紛争についてのケースブック	次年度の受講者	国際紛争の主体、時期、原因等を正確に理解するため
第7章	SDGsについて学べる授業案	高校生	SDGsについての学びを深めるため
第8章	反転授業	小学生～大人	教育工学における課題設定・開発・実践・評価という研究の流れを体験的に学ぶため
第9章	ワークショップ	大学生以上	アクティブラーニングを促すうえで重要なポイントが有機的につながりながら機能していることを実感するため

(注)
1) 松下佳代（2010）序章〈新しい能力〉概念と教育──その背景と系譜，松下佳代編著〈新しい能力〉は教育を変えるか：学力・リテラシー・コンピテンシー．ミネルヴァ書房，pp. 1-42
2) 松下，前掲書。
3) 山内祐平（2020）学習環境のイノベーション．東京大学出版会，p. 3, p. 8
4) OECD (n.d.) Future of Education and Skills 2030. https://www.oecd.org/en/about/projects/future-of-education-and-skills-2030.html（参照日：2024.7.26）
5) コンピテンシーとは、一般的には「一定の職務や作業において、絶えず安定的に期待される業績をあげている人材に共通して観察される行動特性」（日本大百科全書）のことである。1997年 OECD は DeSeCo (Definition and Selection of Competencies) プロジェクトを開始し、キー・コンピテンシーの概念を整理した。OECD Future of Education and Skills 2030 プロジェクトでは、「DeSeCo のキー・コンピテンシーを否定するのではなく、それを 2030 年という時代背景を踏まえて更新 (update) していくことが目指された［白井俊（2020）OECD Education2030 プロ

ジェクトが描く教育の未来：エージェンシー、資質・能力とカリキュラム．ミネルヴァ書房］．その結果、ラーニング・コンパス（学びの羅針盤）では、コンピテンシーを「知識、スキル、態度及び価値を含む包括的な概念」としている。また、「コンピテンシーとは単に知識やスキルの習得にとどまらず、不確実な状況における複雑な要求に対応するための知識、スキル、態度及び価値の活用を含む概念」としている。

6) OECD (2020a) OECD Learning Compass 2030 仮訳. https://www.oecd.org/content/dam/oecd/en/about/projects/edu/education-2040/concept-notes/OECD_LEARNING_COMPASS_2030_Concept_note_Japanese.pdf （参照日：2024.7.26)

7) OECD (2020a), 前掲文書。

8) OECD (2020b) Student Agency for 2030 仮訳. https://www.oecd.org/content/dam/oecd/en/about/projects/edu/education-2040/concept-notes/OECD_STUDENT_AGENCY_FOR_2030_Concept_note_Japanese.pdf （参照日：2024.7.26）6)や本文献では、Student agency は「生徒エージェンシー」と訳されている。しかし、本文献では「対象は中等教育の生徒に限らず、小学校の児童、場合によっては幼稚園・保育園の幼児、また高等教育、生涯教育などすべての学習者を対象とすると解釈して」いるとも書かれている。本書では大学教育の事例を挙げていることから生徒エージェンシーと記すと読者が困惑すると考え、上記の解釈にあわせて「エージェンシー」と記した。また、心理学では、エージェンシーは行為主体性のことを指すが、ラーニング・コンパスではエージェンシーは「特定の学問分野に依拠するものではなく、より広い意味の概念」［白井俊（2020）OECD Education2030プロジェクトが描く教育の未来：エージェンシー、資質・能力とカリキュラム．ミネルヴァ書房］とされている。

9) OECD (2020b), 前掲文書, 白井俊（2020）OECD Education2030 プロジェクトが描く教育の未来：エージェンシー，資質・能力とカリキュラム．ミネルヴァ書房

10) OECD (2020b), 前掲文書。

11) 山内祐平（2018）教育工学とアクティブラーニング．日本教育工学会論文誌, 42 (3)：191-200

12) 溝上慎一・松下佳代 編（2014）高校・大学から仕事へのトランジション．ナカニシヤ出版

13) Ackermann, E. (2001) Piaget's constructivism, Papert's constructionism: What's the difference. *Future of learning group publication*, 5(3)：438-448

14) クリスチャン・S・マッケイ，クリスタ・D・グレーズスキー（2020）第6章 メイカー基盤型インストラクションのデザイン, C. M. ライゲルース, B. J. ビーティ, R. D. マイヤーズ 編 鈴木克明 監訳 学習者中心の教育を実現するインストラクショナルデザイン理論とモデル．北大路書房, pp. 145-170

15) 科学（Science）、技術（Technology）、工学（Engineering）、数学（Mathematics）を統合的に学ぶ教育を STEM 教育という。さらに芸術（Arts）を加えた STEAM 教育がある。

16) Hsu, Y.-C., Baldwin, S., & Ching, Y.-H. (2017) Learning through Making and Maker Education. *TechTrends*, 61(6)：589-594

17) 松下佳代, 京都大学高等教育研究開発推進センター 編著（2015）ディープ・アク

ティブラーニング：大学授業を深化させるために．勁草書房，溝上慎一（2018）アク
ティブラーニング型授業の基本形と生徒の身体性．東信堂

18）　溝上慎一（2018）アクティブラーニング型授業の基本形と生徒の身体性．東信堂

19）　相互評価とは，同じ授業を受講しているクラスメイトどうしで互いの成果物やパ
フォーマンスを評価しあう学習活動である．ピア・レビューやピア・レスポンス等と
も言われることがある．相互評価の実施方法は「採点の有無」と「コメントの有無」
によって区別され，それぞれの有無によって4種類に類型化される［沙華哲，杉浦真
由美，重田勝介（2024）日本の高等教育における相互評価に関する研究の動向と課題．
高等教育ジャーナル：高等教育と生涯学習，Vol. 31: 1-12］．本書では，採点やコメ
ントの有無にかかわらず，クラスメイトどうしで評価しあう学習活動を相互評価もし
くはピア・レビューと記す．

20）　山内（2018），前掲論文．

21）　レベル3で示される2つの手法のうち，問題基盤型学習（Problem-Based
Learning）は，複雑で構造化されていない問題のシナリオを学習者に提供し，学習
者に協調的な問題解決などに取り組ませて学習者の知識転移や理解深化の促進を目指
す教育方法である［R. K. ソーヤー 編，大島純，森敏昭，秋田喜代美，白水始 監訳，
望月俊男，益川弘如 編訳（2016）学習科学ハンドブック 第二版 第2巻：効果的な学
びを促進する実践／共に学ぶ．北大路書房］．

22）　Blumenfeld, P.（1991）Motivating Project-Based Learning: Sustaining
the Doing, Supporting the Learning. *Educational Psychologist*, 26(3): 369-
398

23）　Blumenfeld, P.，前掲論文．

24）　R. K. ソーヤー 編，大島純，森俊昭，秋田喜代美，白水始 監訳，望月俊男，益川
弘如 編訳（2016）学習科学ハンドブック 第二版 第2巻：効果的な学びを促進する実
践／共に学ぶ．北大路書房，p. 20

25）　Lee, E., & Hannafin, M. J.（2016）A design framework for enhancing
engagement in student-centered learning: own it, learn it, and share it.
Educational technology research and development, 64(4): 707-734

26）　根本淳子，市川尚（2019）インストラクショナルデザイン研究の動向と期待され
る方向性．日本教育工学会論文誌，43(3): 197-206

27）　ここでは，教員からの働きかけの意．

28）　訳においては，NPO法人東京学芸大こども未来研究所・我妻優美専門研究員にご
協力いただきました．感謝申し上げます．また東京大学2022年度ワーク・ライフ・
バランス支援のための研究者サポート要員配置助成の支援もいただきました．

18

第2章

教材をつくる I

——論文執筆ゼミナールにおける
ルーブリック作成の事例

中村長史

はじめに

　本章では、東京大学教養学部における授業「初年次ゼミナール文科 ディレンマとつきあう平和構築」において学生自身がルーブリックの作成に関与した事例を紹介する。この授業は、入学直後の学生が担当教員の専門分野（本授業の場合は国際政治学のなかの平和構築論分野）における論文執筆方法の習得を目指すものである[1]。東京大学では、2年生まで（学部前期課程）は様々な学問を幅広く学び3年生以降（学部後期課程）に専門科目を深く学ぶという Late Specialization が採用されているが、同時に早い段階から学問の最先端に触れるという Early Exposure も重視されている。本授業は、後者の文脈で開講されるものである。

　学生は、授業での輪読を通して学術論文の「型」や「作法」を学んだ後、自身が関心を持つテーマについて研究を進め、6000字以上の論文を執筆して学期後に提出する。論文はルーブリックに基づいて担当教員によって評価されるが、その際に用いられるルーブリックの作成に学生自身が関与する。学生には、ルーブリックづくりを通して質の高い学術論文の要件を学ぶことが期待される。本授業は、必修科目であり、受講者数は25名程度である。

1. 何を誰に向けて何のためにつくるのか

1.1 作成物

　ルーブリックは、評価観点、評価尺度、評価基準の3つを含む表形式で作成される場合が多く、本授業においても、表1のように表形式で作成した。評価観点は、表1の場合、縦軸の「論文の型」と「論文の作法」とに大別されているものである。前者は、さらに「問い」、「問いの意義」、「問いと主張との整合性」、「主張・根拠の論理的整合性」、「主張・根拠の経験的妥当性」、「予想される反論への応答」、「含意」、「議論の限界（今後の課題）」、「独創性」の9つの観点に分かれている。後者は、さらに「構成」、「執筆要領の遵守」、「誤字」の3つの観点に分かれている。評価尺度は、表1の場合、横軸の「理想的」、「標準的」、「要改善」が該当する。評価基準は、各評価観点の評価尺度ごとに設けられるものであり、各セルに記入されている。例えば、「問い」であれば、それが①明確に示されているか、②適切なサイズであるかによって、「理想的」、「標準的」、「要改善」のいずれに相当するかが決まる。

1.2 目的

　表1のようなルーブリックの作成に学生自身が関与するのは、何のためか。それは一言で表せば、学術論文の「型」と「作法」の理解を促すためである。この点を説明するため、まず授業全体の目的と構成について簡単に確認しておきたい。

　本授業では、「型」通りに「作法」を守って学術論文を執筆できるようになることを目指す。「型破り」や「無作法」が効果的なこともないわけではないが、そもそも「型」や「作法」に習熟していなければ何が「型破り」や「無作法」なのかもわからないはずである以上、初学者の段階では「型」と「作法」を徹底的に身に付けるべきだと考えられるためである。「型」とは、ここでは、社会科学系の学術論文が備えるべき、問いや問いの意義（本授業では、「そのような問いに取り組んで何の意味があるのか」と尋ねられた場合の応答と定義している）、主張（答え）、根拠、含意（本授業では、「そのような答えが得られて何の意味があるのか」と尋ねられた場合の応答と定

表 1. 学生とともに作成したルーブリック

		理想的	標準的	要改善
論文の型	問い	問いが明確に示されており、適切なサイズである	問いが明確であるものの、大き過ぎたり小さ過ぎたりする	問いが明確に示されていない
	問いの意義	問いの意義が明確に示されており、学術的／社会的意義が説得的である	問いの意義が明確に示されているものの、学術的／社会的意義が説得的でない	問いの意義が明確に示されていない
	問いと主張との整合性		問いと主張とが対応している	問いと主張とが対応していない
	主張・根拠の論理的整合性	主張・根拠が論理的に首尾一貫している	主張・根拠が論理的に首尾一貫していない部分がある	主張・根拠が論理的に破綻している
	主張・根拠の経験的妥当性	主張・根拠が経験的事実に即している	主張・根拠が経験的事実に即していない部分がある	主張・根拠が経験的事実に反している
	予想される反論への応答	懐疑的な読者からの反論を予想し、あらかじめ応答している	懐疑的な読者からの反論を誘発する部分がある	議論が単線的であり、容易に読者からの反論を誘発する
	含意	主張の理論／政策的含意が説得的である	主張の理論／政策的含意を挙げているものの説得的でない	主張の理論／政策的含意を挙げていない
	議論の限界（今後の課題）	自らの議論の限界を正確に指摘している	自らの議論の限界を指摘しているものの説得的でない	自らの議論の限界を指摘していない
	独創性	問いもしくは主張・根拠が既存の研究に比べて新しい	問いもしくは主張・根拠が既存の研究に比べてやや新しい	問いもしくは主張・根拠が既存の研究と同様である
論文の作法	構成		構成が明確で文章の流れがよい	構成が不明確であり読者を混乱させる
	執筆要領の遵守	執筆要領からの逸脱がない	執筆要領からの逸脱が２ヵ所以下	執筆要領からの逸脱が３ヵ所以上
	誤字	誤字がない	誤字が２ヵ所以下	誤字が３ヵ所以上

義している）、議論の限界（今後の課題）等である。「作法」とは、ここでは、社会科学系の学術論文として標準的な（読者が次の展開を予測できる）構成が採られていることや執筆要領に沿った参考文献・脚注等の表記がなされていることである。

　このような目的を掲げる本授業は、大きく「第１部：よき読み手への

表2. 授業全体の構成

【第1部：よき読み手への道】	【第2部：よき書き手への道】
第1回：共通授業（ガイダンス） 第2回：共通授業（検索実習） 第3回：論文の「型」と「作法」① 　　　　平和構築論概説 第4回：輪読① 第5回：輪読② 第6回：輪読③ 第7回：論文の第一次報告	第8回：論文の「型」と「作法」② 第9回：簡易ディベート① 第10回：簡易ディベート② 第11回：論文の第二次報告準備 第12回：論文の第二次報告 第13回：論文の第二次報告
	夏季休暇：論文完成

道（第1回〜第7回）」と「第2部：よき書き手への道（第8回〜第13回）」の二つに分かれている（表2）。こうした構成は学術論文の「よき書き手」となるためには、まず「よき読み手」、すなわち他者の論文の要旨を正確に把握したうえで、そこで展開されている主張の意義や課題を建設的に指摘できる読者（学術の進歩に貢献できる読み手）になる必要があるという教員の考えに基づいている。

　第1部は、輪読を中心に展開される。学生は、平和構築に関する課題文献の要旨をまとめたうえで、意義や課題について指摘した成果物を毎週提出することが求められる。学生の多くは初めて接する学術論文の水準に当初は圧倒されるものの、輪読を繰り返すうちに、要旨を適切にまとめられるようになるのはもちろんのこと、意義や課題についても的確に指摘できる機会が多くなっていく。当初は課題文献について単に自分が理解できなかった箇所を挙げたり、自分の関心にのみ引き付けて「無いものねだり」や「お門違い」の批判（例えば、概念の整理や因果関係の分析を目的とする論文に対して「筆者は解決策を提示していない」といった批判が初学者からはなされがちである）をしたりしていた学生も、回を重ねるうちに、主張やその根拠が論理的に首尾一貫しているか（論理的整合性）や、主張やその根拠が経験的な事実に即しているか（経験的妥当性）といった、「筆者であれば必ず応答しなければならない問題提起」を次第にできるようになっていく。そうした成長過程を見守ることができるのは教員の喜びであるが、安堵するのはまだ早い。本授業の目的は、「よき読み手」になることだけではなく、それを前提として「よき書き手」になることだからである。

そこで、後半の第2部においては、学生自身の研究が中心となる。具体的には、学生は、自身の研究の問いや問いの意義、主張、根拠、含意等について発表する。ここでは、第1部の輪読で学んだことを活かすことが求められる。すなわち、課題文献の「型」や「作法」に倣ったり、課題文献の課題として自分達が指摘した論理的整合性や経験的妥当性に関する問題の克服を目指したりするわけである。なお、第9・10回でディベートの機会を設けているのは、「懐疑的な読者からの反論を予想し、あらかじめ応答」（表1）できるようになるためである。学術論文である以上、読者から容易に反論されるような内容ではなく、周到に議論を展開しなければならない。しかし、自分の立論にどのような反論があり得るのかを想像し、あらかじめ備えておくことは一朝一夕にできるものではない。そこで、自分と相手の立場が固定されているディベートによって、反論への応答を訓練するわけである。ここでの勝敗は特に問題ではなく、あくまでも訓練として行うものであるため、ディベート大会のようなルールは設けずに簡易的にペアワークで行なっている。

2. どのようにつくるのか

2.1 作成の手順

このような目的と構成を持つ本授業において、学生がルーブリックを作成するのは、第8回目の授業、すなわち「第2部：よき書き手への道」の初回である（表2）。第8回では、まず、教員から学術論文の「型」と「作法」について解説する。同様の解説は第3回で既に行っているが、学生にとっては、同じ内容であっても輪読で学術論文に触れてから再度聴くと理解度が格段に増すとの声が過去の受講生の間で強かったため、繰り返しを厭わずに説明の時間を設けている。その後、いよいよルーブリックづくりが始まる。

一般的に、ルーブリック作成への学生の関わり方は、学生のレベル、かけられる時間、課題の目的等の兼ね合いによって、いくつかのバリエーションがあり得るとされる[2]。本授業においては、以下の9つの手順で作成を進めた。

① ルーブリックの構成や使い方、意義を教員が学生に伝える。
② 「第1部：よき読み手への道」の輪読において扱った専門家による3本の論文を念頭に置いて、輪読時に挙がった意義や課題を踏まえて、評価観点を1人で考えた後、グループワーク（4人）でミニホワイトボードにまとめる。
③ 評価観点に過不足がないかを教員が解説する。
④ 輪読の経験を踏まえて、評価尺度を1人で考えた後、グループワーク（4人）でミニホワイトボードにまとめる。
⑤ 評価尺度に過不足がないかを教員が解説する。
⑥ 輪読の経験を踏まえて、評価基準を1人で考えた後、グループワーク（4人）でミニホワイトボードにまとめる。
⑦ 評価基準に過不足がないかを教員が解説する。
⑧ 教員が最終的にルーブリックを完成させ、学生に提示する。
⑨ 学生はルーブリックを指針として論文を作成する。

　ここで重要なのは、評価観点、評価尺度、評価基準を一気に定めるよう学生に指示するのではなく、一つずつ教員による確認や解説（手順③⑤⑦）をはさんで、学生が段階を踏んで進めるように配慮することだと思われる。一気に進めてしまうと、途中で誤解が生じていても気づかずにそのまま進んでしまったり、個人間・グループ間の作業の質・進度に大きな差が生じてしまったりしかねない。学生がルーブリックの作成に関わるというのは、学生にとって大きな学習効果が得られる分、大きな負担を伴うものでもある。この点に配慮してワークの指示を出すことが教員には求められるのではないだろうか。教員による確認・解説に際しては、①提案された評価観点や評価尺度、評価基準が満たされているにもかかわらず、パフォーマンスをする人が深い理解を示していないことがあり得るか、②提案された評価観点や評価尺度、評価基準が満たされていないのに、それでもなおパフォーマンスをする人が理解を示していることがあり得るか、といった点を意識するのが良いように思われる[3]。

　なお、上記はあくまでも基本形であり、学生のレベル、かけられる時間、課題の目的によっては、より簡易的にすることも可能である。例えば、評

価観点だけを学生が挙げて、あとは教員が作成するといった方法があり得る。あるいは、教員がルーブリックを一通りすべて作成した後で、学生に意見を求め、適宜学生の意見をとりいれることもできるだろう。

　反対に、学生のレベル、かけられる時間、課題の目的によっては、より学生に委ねる（教員の関与を減らす）ことも可能である。例えば、学生が挙げた評価観点、評価尺度、評価基準について過不足がないかを学生同士で議論するといった方法があり得る。あるいは、ルーブリックの最終的な作成まで学生に任せることもできるだろう[4]。

　本授業においても、年によってルーブリック作成への学生の関与度を上下させて試行錯誤を繰り返している。複数の方法があり得ることを念頭に置いて、そのときどきの状況に応じて適切なものを選択していくことが重要なように思われる。

2.2　作成物の活用

　手順⑨に記したように、学生は作成したルーブリックを指針として自らの論文を執筆する。提出に際して、学生にルーブリックを用いて自己評価をしてもらうこともできる。自己評価では「理想的」としていた観点が教員からのフィードバックでは「標準的」であったといったように評価のずれが生じている場合には、そうしたずれがなぜ生じたのかを学生に検討してもらうことで学びにつながるだろう[5]。

　一般的に、課題を出す際にルーブリックを学生に示すことで、学生はルーブリックを課題に取り組むうえでのガイドとして用いることができると指摘されている。ルーブリックは当該課題における評価観点を一覧化したものだからである[6]。本授業においても、執筆時にルーブリックが傍らにあることで、学生は「型」や「作法」を漠然と守ろうとするのではなく、明確な目的意識を持って取り組むことができるようになるだろう。

　もちろん、こうした効果は、「教員が単独で作成したルーブリックを論文執筆前に学生に配布し、学生がそれを指針として論文に取り組む」という方法でも得ることができる。しかし、学生自身がルーブリックの作成段階から関与する場合には、さらに大きな効果が期待できるのではないだろうか。そうした点について、次節で検討してみよう。

3. つくって学ぶことの利点と留意点

3.1 利点

　学生にとっては、ルーブリック作成に関与することには、どのような効果や利点があるのだろうか。まず、学生が学習の主体者であるという実感を持てるということが挙げられる。学生からすれば、論文執筆の指針を自ら定めたうえで執筆することになるため、教員が作成したルーブリックを踏まえて執筆する際に比べて、より主体的に取り組むことが期待できるだろう。

　また、ルーブリックの作成段階から実際に関わることで、ルーブリックについての説明を聞いているだけのときに比べて、評価の観点や基準をさらに深く理解できるようになることが期待できる。そして、評価の観点や基準をより深く理解することによって、成果物（本授業の場合は論文）がどの水準にあるのかを把握して自ら学習方法を改善できる力（メタ認知能力）の向上を促せるため、成果物におけるパフォーマンス向上にもつながりやすい。

　教員にとっても学生の発想によって新たな評価観点に気づき得るという利点がある。学生がワークで出してきた評価観点が教員の方では想定していなかったものであったとしても、課題を出す目的（課題を通して身に付けてほしい知識・技能・態度）に合致している場合には、採用することができる。その結果、より妥当なルーブリックの作成、ひいてはより効果的な学びにつながるだろう。これは、学生にとっても利点だといえる[7]。

3.2 留意点

　このように学生によるルーブリック作成には多くの利点があるが、留意すべき点もまたある。まず、ルーブリックの作成に時間がかかる可能性が高い点はあらかじめ把握しておかなければならない。特に、学生がルーブリックの利用自体に慣れていない段階では、学生が作成したものに教員が結局かなり手を加える必要が生じるため、かえって作成に時間がかかる恐れがある。

　ただし、こうした点については、あらかじめ対処することが十分に可能

である。まず、作成の途上で教員からのアドバイスを細目に入れることで、ルーブリックの質を上げることができる。先述のように、評価観点、評価尺度、評価基準と段階を踏んで、一つずつ教員による確認や解説（手順③⑤⑦）をはさみながら進めることが有効だろう。

また、これも先述のように、全部の作成に学生が関与することが難しい場合には、部分的に関与するという形でもよい。学生のレベル、かけられる時間、課題の目的に応じて学生の関与の度合いを調整することが、教員には求められる。

おわりに

本章では、ルーブリックの作成に学生自身が関与した授業事例を紹介した。ルーブリックについては、日本でも複数の書籍が刊行されており、学習評価ツールとして様々な大学の授業で導入されている。一方で、その利用場面は、教員が単独で作成したルーブリックを用いて教員が評価するといった形がほとんどではないだろうか。本章で紹介した取り組みを踏まえて、読者がそれぞれの授業の目的に応じたルーブリックを学生とともに作成してみていただければ幸いである。

ただし、その際には、ルーブリックづくりに学生を関与させる利点のみならず、留意点、そして、「何のために学生をルーブリック作成に関与させるのか」という目的についても意識する必要があることを強調しておきたい。学生とともに質の高いルーブリックを作成できるようになるまでには、試行錯誤を繰り返すことになるかもしれない。実際、筆者自身も本授業を 2020 年度より毎年度これまでに計 5 度開講してきたが、その間、試行錯誤を繰り返してきて、本章で紹介したような形に至っている（むろん、まだまだ改善点もあると思われる）。その過程では悩ましいことも多くあったが、「何のために学生をルーブリック作成に関与させるのか」という目的に立ち返ることで、学生の関与の度合いを調節したり説明を工夫したりする妙案が浮かんでくることがしばしばであった。

なお、本章では、論文執筆を想定したルーブリック作成についてのみ言及したが、学生とのルーブリック作成は、当然他の場面にも使えるだろう。

本授業においても、第7回の「論文の第一次報告」や第12・13回の「論文の第二次報告」（表2）に際して、つまり発表のパフォーマンスの評価に今後利用できないかを検討しているところである。筆者自身も、目的や利点、留意点を十分に吟味したうえで導入を図っていきたい。

（注）
1) 初年次ゼミナール文科の詳細については、東京大学大学院総合文化研究科・教養学部附属教養教育高度化機構 EX 部門の web サイトを参照。https://komex-ex.c.u-tokyo.ac.jp/ja/programmes/
2) ダネル・スティーブンス、アントニア・レビ（佐藤浩章監訳、井上敏憲、俣野秀典訳）(2014)『大学教員のためのルーブリック評価入門』、玉川大学出版部、38-39頁；エリザベス・F・バークレイ、クレア・ハウエル・メジャー（東京大学教養教育高度化機構アクティブラーニング部門、吉田塁監訳）(2020)『学習評価ハンドブック—アクティブラーニングを促す 50 の技法—』、東京大学出版会、335-338 頁
3) G・ウィギンズ、J・マクタイ（西岡加名恵訳）(2012)『理解をもたらすカリキュラム設計—「逆向き設計」の理論と方法—』、日本標準、223 頁
4) 栗田佳代子、中村長史編著 (2024)『インタラクティブ・ティーチング実践編 3—ルーブリックの作法と事例—』、河合出版、34 頁
5) ルーブリックを用いて学生同士が評価しあうこと（相互評価）も可能である。ただし、たとえ学生がルーブリックを用いた評価にある程度習熟していたとしても、教員からの評価もなされることが望ましいだろう。
6) 栗田、中村編著、前掲書、11 頁
7) 栗田、中村編著、前掲書、34 頁

第3章

教材をつくるⅡ
——シリアスゲームデザインの事例

標葉靖子

はじめに

　本章では、実践女子大学人間社会学部における授業「メディア・ワークショップ：シリアスゲームデザイン」[1] の事例を紹介する。この授業は、トランス・サイエンス[2] にかかわるアナログゲーム（ボードゲーム・カードゲーム等）をチームで制作することを通して、多様な要素が複雑に絡み合う社会課題の構造・システムについての多面的な理解を深めること、ならびにアイデアを自分たちで形にする共創プロセスを実践的に学ぶことの2点を目的とした授業である。受講者は、トランス・サイエンス的問題群についての導入講義および既存のシリアスゲーム[3] の体験・分析を行った後、「科学技術と社会をつなぐアナログゲーム」の制作にチームで挑戦する。

　本授業は実践女子大学人間社会学部の2年生以上を対象とした少人数制のワークショップ授業（100分×14回、2単位）である。2020年度より毎年度開講され、各年度の受講者数は13〜22名[4] であった。受講者は「アナログゲームをつくる」という物珍しさに惹かれて受講を決めた学生がほとんどであり、トランス・サイエンス的問題や関連する科学的知識に対する関心は低く、事前知識も有していない。そのため授業設計および実

施にあたっては、学生がゲームギミックの面白さだけに終始することなく、扱うトランス・サイエンス的問題についての多面的な理解・関心を深めていけるような工夫が求められる。

---

1. 何を誰に向けて何のためにつくるのか

1.1 作成物

　受講生は4〜5名からなるグループを編成し、プレイ可能な「科学技術と社会をつなぐアナログゲーム」キット一式を制作する。制作するゲームの主な対象プレイヤーは「科学技術に特に関心が高いわけではない層」[5] とし、年齢は中高生以上であれば各グループがそれぞれ任意に設定してよいとしている。またゲームプレイを通して対象プレイヤーにどうなって欲しいのか（学習目標）についても、各グループがそれぞれに設定することを求めている。なお扱うトランス・サイエンス的テーマの選定方法およびグループ編成方針については年度によって異なっているため、「2.どのようにつくるのか」で後述する。

　授業の一環として、すべてのグループが外部審査員やゲストプレイヤーを招いたデモンストレーション大会（以下、デモ大会という）で制作したゲームを披露することも本授業の特徴の一つである（「2.3　制作物のデモンストレーション」参照）。デモ大会では、1回40分のゲームセッションが3〜4回実施され、審査員および他グループのメンバー等が実際のプレイヤーとなって各グループのゲームを体験する。そのため各グループは授業のなかでゲームキットの制作だけでなく、1回40分のゲームセッションのなかでインストラクション（ルール説明等）・ゲームプレイ・解説・振り返りという一連の流れをどのように進めるかについてもデザインしなければならない。

1.2　目的

　「はじめに」で述べたように、本授業の目的は大きく二つある。以下それぞれについて順に補足説明する。

　まず一つ目の目的は、多様な要素が複雑に絡み合う社会課題の構造・シ

ステムについての多面的な理解を深めることである。科学技術が高度に進展し複雑に社会に埋め込まれている現代において、私たちは環境・エネルギー・医療・ヘルスケア・防災・食の安全など、多様なトランス・サイエンス的問題群に囲まれて生きている。そうした問題群には、対応する個人に対しても関連する専門知識や相応の科学的リテラシーを要求する側面がある一方で、技術的限界や予見不可能性などによりそもそも科学的に解明されていない不確実性が多分に含まれている。また科学技術以外の要素（倫理、経済、法、政治、社会など）が複雑に絡み合い、多くのジレンマ構造が内包されていることも、トランス・サイエンス的問題群の解決を困難にしている理由の一つである。

　本授業ではそうした複雑な社会課題の構造・システムを読み解くための学びの手法として、ゲーム制作プロセスを活用している。シリアスゲーム開発プロセスにおいては、対象テーマについて内容を理解した上で学習目標を定め、それに適したシステムをモデル化することが求められる。たとえば問題のフレーミングやアクターの多様性、システムに内包されているトレードオフ構造やジレンマを見極め、ゲームシステムにどう落としこむかを考えるといったことである。またゲームシステムに含むべき要素を曖昧な表現のままにしていてはゲームプレイの成立が困難となることも多い。加えて、シリアスゲームとしてプレイヤーに誤った知識を提供してしまうことがないよう、扱うテーマについての具体例や正確な情報の精査も必要となる。こうしたシリアスゲーム制作プロセスで求められる一連の活動が、複雑な社会課題の構造・システムを読み解く学習となることが期待される。

　二つ目の目的は、アイデアを自分たちで形にする共創プロセス（共感・問題定義・アイデア創出・プロトタイピング・テスト等）を実践的に学ぶことである。ゲームを制作するということはプレイヤーの体験をデザインするということである。ゲームとしての楽しさと学習目標の達成をいかにして両立させるかは、テストプレイを実施することでプレイヤーの様子を観察したり、プレイヤーからのフィードバックを得たりするプロセスのなかで検討していかなければならない。半期2単位という限られた期間のなかでそうしたテストプレイを効率的に繰り返し、ゲームとして機能する試作品を完成させていくにはグループのメンバーそれぞれの貢献が必要不可欠

表1. 本授業の到達目標

1. 社会課題の構造・システムについての多面的な理解
・扱うテーマについて、複数視点から信頼できる資料・データを適切に参照することができる ・問題のフレーミング・アクターの多様性を説明できる ・問題解決がなぜ難しいのかを複数視点から具体例を挙げて説明できる
2. 共創プロセスの実践的な学び
・成果物の質を向上させるために、グループにどのように貢献できるのかを自ら考え、行動に移すことができる ・他者からのフィードバックを適切に検討することができ、また自らも建設的な批判を行うことができる ・グループで質の高い成果物を創出することができる

である。より良い成果物とするために、単なる作業分担ではないチームワークをいかに発揮できるかが問われる。

　以上の二つの目的について、具体的な到達目標は表1の通りである。成績評価に当たっては、制作プロセスでの学びを重視していることから、毎回の授業で提出するミニッツレポート（個人）、各パートの制作ログとその修正記録（グループ）、そのために各自で取り組んだ調査などの記録（個人）、最終成果物であるゲーム・ゲームセッションの質（グループ）、授業全体を振り返った個人レポート（個人）を対象とした総合評価を行っている。

2. どのようにつくるのか

2.1 制作の手順

　授業は、「導入」、「分析・設計」、「開発」、「実施・評価」の四部構成としている。各パート・ユニットの時間配分や具体的な進め方は年度によって異なる部分があるものの、授業の基本構成は表2の通りである。

　まず「I. 導入」で受講生は「科学技術と社会」、「シリアスゲーム」について概説する講義を受けたのち、既存のアナログゲームの体験・分析を行う。これにより、「科学技術と社会」という複雑な社会問題を読み解く技法としてのゲーム利用についてのイメージをつかむ。その後自分たちで実際にゲームをプレイしてみた感想や何を考えてプレイしていたのかを整理

表 2. 授業の基本構成

Part		Unit		内容
I. 導入	1	講義		「科学技術と社会」「シリアスゲーム」についての概説
	2	ゲーム体験・分析		既存のアナログゲーム体験、ゲームシステム・要素間の関係性等の分析
II. 分析・設計	3	コンセプト構築		予備調査、テーマの設定・問題定義（ターゲットの明確化）
	4	問題構造のモデル化		調査・分析に基づく問題構造の可視化（因果ループ・イシューマップ等）
III. 開発	5	プロトタイピング		ペラ企画の作成、ダーティープロトタイピング、追加調査
	6	テストプレイ		クラス内での相互テストプレイ・修正
	7	試作品の最終調整		ゲームセッションのリハーサル・最終調整
IV. 実施・評価	8	デモ大会・審査		外部評価者を招いた全ゲームのデモンストレーション・審査、相互評価
	9	振り返り		テーマに対する関心・理解の変化、チームにどう貢献したか等

したのちゲームシステムを分析し、ゲームプレイによってどのような学びが得られうるかを検討している。ここでのゲームシステムの分析では、たとえば因果ループ図[6]（図 1 参照）やステークホルダーマップ[7]などを作成している。また関連する社会問題について調査した上で、大まかなマインドマップを作成し、当該ゲームには含まれていない側面は何か（ゲームではどの問題にフォーカスが当てられており、何が省略されているのか）について議論している。

次に「II. 分析・設計」では、自分たちが注目する「科学技術と社会」のテーマを設定し、問題構造の可視化に取り組む。テーマの決定方法として、2020・2023 年度は学生自身の問題意識を出発点に自由に設定させたが、2021・2022 年度はあらかじめ教員が提示した複数候補（インフォデミック、人工知能、気候変動、食の安全・安心、フェムテック）から選択させた。取り組むテーマが何であっても問題の切り取り方は多様であり、ゲームとして問題を表現するということはゲーム制作者が当該テーマについて何らかのフレーミングを行うことを意味する。そのことに自覚的であるために

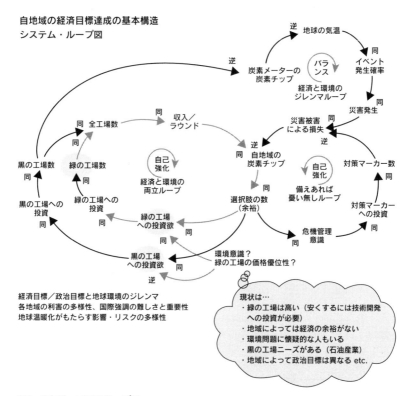

図1. 既存ゲームの因果ループ図
地球温暖化をテーマにしたボードゲーム『キープクール（第4版）』（Spieltrieb, 2013年, Gerhard Petschel-Held & Klaus Eisenack 作）を体験したのち、当該ゲームシステムにおける要素間の関係性を因果ループ図で分析した例

も、ゲームシステムに組み込むかどうかにかかわらず、シリアスゲーム制作者は自分が扱う問題の構造をよく知っていなければならない。そこで本授業ではゲーム制作に取り掛かる前に、必ずテーマについての詳細な調査・分析を行うこととしている。

　自分たちが注目するテーマやその問題構造を可視化したら、次はいよいよ「III. 開発」である。本授業の開発パートの鍵となるのが「プロトタイピング」であり、これは改善の手順でもある。そこで開発以降の手順については、次節「2.2　改善の手順」で詳述する。

2.2 改善の手順

　本授業のゲーム開発では、徹底したプロトタイピングを重視している。プロトタイピングとは、確認したい要素を絞った簡易的なデザインや構造・機能を実装した試作品（プロトタイプ）を素早く作成し、それを用いたテスト・修正の試行錯誤を繰り返し行うことで最終成果物の質を向上させていく手法のことである。プロトタイピングではアイデアを体験できる形にしなければならず、グループ内の認識齟齬を防ぐことにもつながる。本授業全体での到達目標2点の達成に向けては、このプロトタイピングこそが活動のコアとなっている。

　本授業では、グループで作成するゲームのコンセプト（どのような問題の・何を・誰に・伝えたいのか）を設定した後、まずは個人でそのコンセプトを具体化するゲームアイデアを説明したスライド1枚のゲーム企画書（以下、ペラ企画という）を少なくとも1案以上作成することを求めている。その後グループ内で持ち寄ったペラ企画を以下の4つの観点（図2）で5段階評価し、その評点を参考にグループでプロトタイピングに着手する2案（A/B案）を選定する。

　・意義深い（5点）：学習目標は「科学と社会をよく考える」上で意義深いものか
　・学べそう（5点）：ゲーム中の活動は学習目標につながりそうか？
　・面白そう（5点）：コアになる活動は面白そうか／悩ましさがあるか（ジレンマ）
　・挑戦的だ（5点）：チャレンジングな企画か（デザインしがいはある？）

図2. 学生に提示しているペラ企画の評価の観点
ルーブリック評価とはしていない。そのためあくまでも点数は参考であり、A/B案の2案を決定するときは単純な集計結果で決めるのではなく、なぜその評価としたのかをメンバー間で議論しながら自分たちが「可能性を追求したい」と思った案を2つ選ぶように指示している。

　選定した2案のプロトタイピングでは、まずはゲームシステムの基本構造が機能するかを確認できればよいとして、100分授業のなかでそれぞれのプロトタイプを素早く制作し、授業時間内に最低1回は教員の前で試行しフィードバックを受けることを義務付けている。プロトタイピングで用いる材料は、紙・コマ・チップ・サイコロなどである。なおゲームシステムの基本構造が機能するかについて、初期プロトタイプでは以下の3点を必須の自己チェック項目としている（図3）。

	□ 本当に伝えたいことは伝わるか？（誰に何を伝えたいか明確か？）
	□ ゲームの"悩ましさ"は問題の本質を考えることによって発生しているか？
	（メタファーとメカニクスの相性）
	□ ゲームとして体験する意味はあるか？

図3. プロトタイピングでの自己チェック項目
プロトタイピングが進んでいくと、ついゲームの仕掛けにこだわったり、学習目標を忘れてゲームの面白さだけを優先したルールを追加したりしてしまいがちである。そこで学生には細かいルールやゲームバランス調整の際には、必ずこの自己チェック項目に立ち返るよう伝えている。

　グループ内でのプロトタイピングおよび教員からのフィードバックを数回繰り返した段階で、A/B案のどちらかが脱落する、あるいはC案へと変更されていくこととなる。デモ大会の1ヶ月前にクラス内での相互テストプレイを実施するため、それまでに各グループで相互テストプレイに供する1案のゲームキットを制作する。このときペラ企画の段階で最も評価が高かったアイデアがそのまま生き残ることは決して多くない。このことはまさに徹底したプロトタイピングの重要性を表しているといえよう[8]。

　クラス内相互テストプレイは、グループを二手に分け、前半（30分）と後半（30分）とで他グループのゲームをプレイする側と自グループのゲームマスターを担う側とを入れ替えての実施となる。学生相互でのフィードバックでは、実際にプレイをしてみての印象や感想について、ゲームのどこになぜそう感じたのかを具体的に伝えるよう指示している。またプレイ中に何を考え何に注目していたのか、プレイ中に「悩ましさ」はあったかについても言語化することを求めている。一方フィードバックを受ける側に立ったときには、言われたことはまずは受け止め記録しておくこと、その上で、ゲーム修正を検討する際にコンセプト（学習目標）に立ち返ってもらったフィードバック等を再考し、必要な改善ポイントを自分たちで取捨選択しながら見極めるよう指示している。

　その後、デモ大会に向けて各グループで詳細なルールやゲームバランスの調整、不足している情報の追加、ゲームキットのビジュアル調整を進めていく。またデモ大会での1回40分のゲームセッションの進め方（どのようなインストラクション・解説・振り返りを実施するのか）についても検討していく。この段階での教員からの介入は、参照すべき情報の漏れ、誤情

報や無意識の偏見・差別などの埋め込み、社会課題の構造についての調査不足など、教員にしか指摘できない点に絞っている。それ以外の点、たとえばゲームとしての面白さと学びを両立させるためにどうルールやゲームバランスを改善していくかといった点については、想定ユーザーに近い学生同士のコメントも有用であり、そこから学生たち自身でどう試行錯誤していくかも成績評価のポイントとしているためである。

2.3 制作物のデモンストレーション

本授業では、すべてのグループがデモ大会で制作物を用いたゲームセッションを実施する。デモ大会では1回40分のゲームセッション（図4）が3〜4回実施され、複数の外部審査員および他グループのメンバー等が実際のプレイヤーとなって各グループのゲームを体験する（図5）。外部審査員がすべてのゲームを体験できるよう、通常の授業時間ではなく土曜日の午後に集中して実施している（表3）。

①インストラクション　②ゲームプレイ　③解説　④振り返り

図4. 1回のゲームセッション（40分）の構成

図5. デモ大会の様子（2023年度）
4テーブルそれぞれで異なるゲームを同時並行で実施した（40分×4回）。セッションごとにプレイヤー・ゲームマスターが交代となる。各セッションで明らかになった改善点や得られたフィードバックなどは、各テーブルに設置されたホワイトボードにその場で書き出し、次のセッションでゲームマスターが交代しても対応できるようにしている。

表3. 2023年度デモ大会のスケジュール

time	内容
13:15 〜 13:20	デモ大会開始＆ゲスト審査員紹介
13:20 〜 13:25	ゲーム概要紹介（1分×4グループ）
13:25 〜 14:05	セッション1
14:10 〜 14:50	セッション2
（15分 休憩）	※ゲームマスター交代
15:05 〜 15:45	セッション3
15:50 〜 16:30	セッション4
16:30 〜 16:45	審査（学生はグループ内振り返り）
16:45 〜 17:05	講評 & ディスカッション
17:05 〜 17:15	おわりに（事務連絡含む）

セッション間に5分休けいあり

　デモ大会での審査の観点は、以下表4の通りである。外部審査員の評価および授業担当教員の評価の集計に基づき、デモ大会での優勝作品を決定している。なお学生相互でも評価フォームに記入するが、これは最終振り返りでのフィードバックを目的としたもので優勝作品の選定には用いていない。またデモ大会ではゲームセッションを複数回実施することから、セッションごとにその場でゲームを修正していくことができる。そのためセッション1でプレイした審査員とセッション4でプレイした審査員とでは、同グループのゲームの評価が大きく変わることも少なくない。しかしながら本授業では、そうした柔軟な対応力も重要と考えており、審査後の講評ではその点についても学生にフィードバックしている。

表4. デモ大会での審査の観点

項目	基準	配点
問題設定	コンセプトが明確で、社会的意義の高い問題設定となっているか	5
内容理解	当該問題の構造やその複雑さをよく勉強し、理解しているか	5
教材性	学習目標が達成できるようになっているか 教材として活用していけそうか	5
ゲーム性	ゲームシステムとテーマとの相性は良いか ゲームとして楽しいか	5

図 6. 継続開発された学生作品の例
左) 2021 年度授業での優勝作品『ぎゅっと〜 AI とともに生きる』（テーマ：人工知能と人間の共生）
右) 2022 年度授業での優勝作品『ペリー来航の 7 日間』（テーマ：生理・フェムテック）

2.4　制作物の活用

2020 〜 2023 年度までに授業内で学生らが制作したゲーム試作品は全 13 作品である。このうち 3 作品が次年度以降のゲーム体験＆分析の題材として実際に活用されている[9]。またそれぞれの開発メンバー全員あるいは一部の学生が有志グループとして授業終了後も試作品の継続開発に自主的に取り組むケースも出てきている。たとえば、図 6 に示す 2 作品『ぎゅっと〜 AI とともに生きる』『ペリー来航の 7 日間』はそれぞれ授業の翌年度に半年以上かけて試作品の改善に取り組み、科学技術振興機構（JST）主催の「サイエンスアゴラ」への出展および NPO 法人 Board Game Japan が主催する「第 1 回 Board Game Japan カップ」での入賞を果たしている[10]。

3.　つくって学ぶことの効果・利点

　一般に「つくって学ぶ」スタイルの授業は、教員からの体系的なインプット量が減る一方で、授業時間外での学生負荷が高くなる傾向があるのではないだろうか。本授業もまた、第 2 節の内容をみれば明らかなように学生への負荷は高いと思われる。それでもなお「つくって学ぶ」ことの効果・利点はどこにあるのだろうか。本節では本授業で「つくって学ぶ」ことを取り入れている理由について、以下の 3 点に絞って述べる。すなわち、「学習動機づけ」、「多角的視点の獲得」、「有形成果物の有用性」である。

「はじめに」でも言及しているが、本授業の受講学生は「科学技術と社会」に対する関心・学習意欲はもともとは決して高いわけではない。そのような受講学生であるが、授業終了までにテーマについて自ら調べた量がかなりの量となることは注目すべき点だろう。最終的にゲームシステムに採用したかどうかにかかわらず、プロトタイピングの経過や調べた情報はすべてポートフォリオとして残しておくように指示しているが、例年その量・質ともに十分なレベルに達した学生が7割を超える。授業最後の感想でも「(調べるのは)大変ではあったが楽しかった」と記述する学生がほとんどであり、「みんなでゲームをつくる」という楽しさがそうした大変さを乗り越えさせるものとなっていたのではないだろうか。

　インプット量の不足や複眼的な視点の欠如がアウトプットに如実に現れてしまうことも、「つくって学ぶ」ことの利点になっていると思われる。選択肢の「悩ましさ」はゲームの面白さとも無関係ではない。そのためゲームとして機能するものを制作するプロセスでの試行錯誤が、そのまま異なる多様な視点を考えることにつながっていることは、授業後の感想でもしばしば学生の口から語られることである。またゲーム制作者側としてだけでなく、他のグループが制作しているゲームのテストプレイヤーとなる経験もまた学生に多様な視点をうながしているようである。実際にプレイヤーとなって体験することで、自分たちが扱っていないテーマについても知識や多様な視点を持つことができたとの声もある。

　「有形成果物の有用性」について、本授業では徹底したプロトタイピングを重視しているが、学生はそのプロセスを繰り返すなかで、グループ内の認識齟齬への対処やグループ内での自らがどのように振る舞うことがより成果物の質向上につながるのかについて試行錯誤していた。このことはやはり、最終的に求められている成果物が他者にプレイしてもらう有形のゲームであり、成果物の質という他者にも自分たちにも分かりやすい形でフィードバックされることも関係していると思われる。また授業終了後も、学生の成果物をそのまま(あるいは継続開発による修正を経て)活用できる可能性があるという点は、学生だけでなく教員にとっての利点でもある。

おわりに

　本章では、「科学技術と社会をつなぐアナログゲーム」をチームで制作することを通して、社会課題の構造・システムについての多面的な理解を深めること、ならびに共創プロセスを実践的に学ぶことを目的とした授業「メディア・ワークショップ：シリアスゲームデザイン」について紹介した。「科学技術と社会」という受講学生にとって馴染みもなく敬遠しがちなテーマであるにもかかわらず、「みんなでゲームをつくる」という行為が持つ楽しさが、より良い成果物にしたいという学生のモチベーションを最後まで維持させることに成功していたといえるだろう。また問題構造に対する理解や調査の不足がプロトタイピング過程でも顕著に表れることが、学生らに現時点での到達度を意識させることにつながっていた。結果として「科学技術と社会」をめぐる問題の多面的な理解につながるような調査・分析が学生らによってなされていたと考えられる。「つくって学ぶ」機会を提供することは、本章で紹介した授業のようにそもそもの学習動機づけに困難があるケースにおいて、有効な解決手段の一つとなりうるのではないだろうか。

（注）
1)　2024年4月に実践女子大学人間社会学部社会デザイン学科が新設されたことに伴うカリキュラム変更により、本内容の授業は「シリアスゲーム・デザイン演習」（2025年度開講）として実施されることになっている。なお本授業に先行する取り組みとして、筆者は他大学で2016年からアナログゲーム制作を通して科学技術と社会への多角的な視点の涵養を目指す学部生向け授業を開発・実践してきた［標葉靖子・福山佑樹・江間有沙（2018）「『科学技術と社会』への多角的視点を涵養するためのシリアスゲームデザイン授業の開発・実践」『科学技術コミュニケーション』24, pp. 45-54］。
2)　「トランス・サイエンス」という言葉は、1970年代にアメリカの核物理学者であるアルヴィン・M・ワインバーグが、「科学に対して問うことはできるが、科学では答えることができない問題」があることを示し、それを「トランス・サイエンス的問題（trans-scientific questions）」［Weinberg, A. M.（1972）Science and trans-science. *Minerva*, 10(2), pp. 209-222］と呼んだことに始まる。
3)　シリアスゲームとは娯楽を超えた用途で用いられるゲームの総称として提唱された言葉であり、その定義の基軸となっているのは「社会的な問題解決のためのゲームの開発・利用」である［藤本徹編著（2024）『シリアスゲーム（メディアテクノロジーシリーズ5）』コロナ社, p. 8］。
4)　本学では大学院生の少なさからTA雇用が困難であり、受講者数をこれ以上増や

すことが難しい。

5) 「科学技術に特に関心が高いわけではない層」について、本授業ではヴィクトリアセグメントによる潜在的関心層・低関心層［後藤崇志・水町衣里・工藤充・加納圭 (2015)「パブリックエンゲージメント参加者層の多様性評価手法の探索：『科学・技術への関与度』と『政策への関与度』の観点から」『科学技術コミュニケーション』17, pp. 3-19］を想定している。なお本授業の受講者のほとんどが潜在的関心層であった。つまり、受講者らにとってターゲットはまさに「自分たち自身」となっている。

6) 因果ループ図とは、関心のあるシステムの主要な要素やそれらに影響を与える／受ける要素間の因果関係を矢印で結びながら、その相互作用の構造を可視化した図のことである。

7) ステークホルダーマップとは、対象とする課題等について直接または間接的に影響を受ける利害関係者の関係性を図式化した相関図のことである。

8) ペラ企画の段階で絞られた1案のままゲーム開発が最後まで進んでいくグループは、これまでの全13グループ中2グループだけであった。

9) 2023年度に制作された4作品の継続開発等の活用については現在検討中である。

10) それぞれの作品概要については、標葉靖子 (2024)「シリアスゲームを介した対話がもつ科学コミュニケーションとしての可能性」『地球・宇宙・未来』1(1), pp. 11-18で紹介している。

第4章

教材をつくる Ⅲ：オープン教材
——デジタルリテラシーを学ぶための教材制作

重田勝介

はじめに

　本章では、北海道大学の初年次教育における授業「大学生のためのデジタルリテラシー入門」の事例を紹介する。この授業では、学生が大学生活を有意義に過ごすため、またこれからの情報社会を生き抜いてゆくために必要な知識やスキルを、デジタルリテラシーの枠組みを参照しながら身につけることを目指している。授業では、デジタルリテラシーに関連する知識とスキルを学んだ上で、情報社会に関連して学生が自ら設定したテーマによるオープン教材を制作することで、情報社会に関する知識やスキルを実践的に習得することを目標としている。この授業は 2020 年度より毎年度、約 20 名の学生に対して開講してきた。

　本授業は北海道大学の初年次教育である全学教育において、初年次の学生を対象としたさまざまな主題を持つ少人数クラスによる演習である「一般教育演習（フレッシュマンセミナー）」として開講されている。一般教育演習は、初年次学生集団が従来の教科区分に拘束されない共通のテーマについて教員の指導の下に学習し討議する機会を持ち、教員と学生、学生同士の人間的なふれあいを通じて大学の新しい環境に早期に適応できるようにすることを狙っている[1]。このような一般教育演習の位置づけを踏まえ、

本授業では受講者同士でデジタル教材の制作活動を助け合うようなアクティビティを取り入れ、オープン教材の制作を通じて学生が求められる知識やスキルを個別に学ぶだけでなく、相互に学びを支援し合うような関係づくりの醸成に努めている。

1. 何を誰に向けて何のためにつくるのか

1.1 作成物

受講生は、A4 で 3、4 枚程度の分量となる教材と事後テストを制作する。教材制作にあたっては、教材や教育の効果・効率・魅力を高める学問体系である教授設計理論（インストラクショナル・デザイン）の基礎を学び、各々の学生が自ら設定したテーマについて調査した内容に基づき、一人 1 つの教材を制作する（図1）。

本授業ではデジタルデバイスで閲覧できるオープン教材を制作するため、Adobe 社の初心者向けデザインアプリケーション「Adobe Express」を利用する。学生が収集したテーマに関する情報、執筆した文章やクイズ等を Adobe Express 上で編集し、PC やモバイルデバイスで閲覧可能なコンテンツを制作する。

図1. 過去に学生が制作した教材例（タイトル部分）

1.2 目的

この授業では、学生が大学生活を有意義に過ごすため、またこれからの情報社会を生き抜いてゆくために必要な知識やスキルを、デジタルリテラシーの枠組みを参照しながら身につけることを目指している。デジタルリ

表 1. ユネスコが提唱するデジタルリテラシーの能力エリアの概要

能力エリアとコンピテンシー	概要
0. Devices and Software Operations	デジタルデバイスのハードウェアとソフトウェアの使い方
1. Information and Data Literacy	必要な情報やコンテンツを収集し、目的との関連性を見極めてデジタルデータとして適切に保管する
2. Communication and Collaboration	デジタル技術を使い文化や多様性を踏まえながら他者と意思疎通や協同作業を行う。市民性を伴ってデジタル社会に参画し、デジタルアイデンティティを管理する
3. Digital Content Creation	デジタルコンテンツを制作し編集する。著作権に配慮しつつ既存のコンテンツを改善したり組み入れたりする
4. Safety	所有するデバイスを安全に保ちプライバシーを保護する。身体面および精神面での健康さを保ちながらデジタル技術を利用する
5. Problem Solving	ニーズや課題を踏まえながらデジタル環境で課題解決を行い、デジタルデバイスを使いこなす
6. Career Related Competences	特定の領域におけるデジタル技術の理解や利用、データやコンテンツの分析と評価

出所：UNESCO 資料 [2)] より筆者が作成

テラシーの定義は多岐にわたるが、本授業ではデジタルリテラシーを、UNESCO が定める 7 つの能力エリアで整理している。UNESCO は 47 カ国におけるデジタルリテラシー教育の枠組みを参考に、7 つのデジタルリテラシーの能力エリアとコンピテンシーに関する指標を作成した（表 1）。この授業ではその中でも、「1. Information and Data Literacy」「2. Communication and Collaboration」「3. Digital Content Creation」に掲げられた能力について学ぶことを目指している。

　本授業では上記 3 つの能力エリアについて、具体的に以下の到達目標を設けた。本授業が初年次教育であることから、「1. Information and Data Literacy」では、レポート作成や卒業論文等において、自らの取り組むテーマに関する問題背景や先行研究を調査し分析するスキルが重要であることを踏まえ、大学での学びに用いる情報の収集と分析の手法について学ぶ。「2. Communication and Collaboration」では、大学における学生同士のコミュニケーションにおいて、熟達者と初学者、または先輩と後輩との間での教える・学ぶというコミュニケーションが重要であるこ

とを踏まえ、情報伝達や協同活動の一手段として教授設計理論を基礎に教え学び合う手法を学ぶ。「3. Digital Content Creation」では、オープン教材をデジタルコンテンツとして制作することで、デジタルコンテンツの基礎的な観察、分析、制作方法を学ぶと同時に、大学生活で重要となる著作権と学問倫理の基礎について学ぶ。

1　Information and Data Literacy

   1.1　大学での学習に用いる多様な情報源から目的に沿った適切な情報を集めることができる

   1.2　収集した情報を、新規性、関連性、中立性、信頼性の4つの観点から見極めることができる

   1.3　大学での学習における著作権や学問倫理の重要性と注意点について説明できる

2　Communication and Collaboration

   2.1　教授設計理論に基づいて、教材を通して効果・効率・魅力的に教える方法について説明することができる

   2.2　教授設計理論に基づいて、教材の学習目標を設定し、到達度を評価するテストを作成することができる

   2.3　教授設計理論に基づいて、教材で教える内容を分析し学習しやすい構造化を行い、学習者への動機づけを促す教材を作成することができる

3　Digital Content Creation

   3.1　既存のデジタルプロダクトを観察し、デジタルプロダクトを構成する機能を「インタラクションの基本原則」を用いて説明できる

   3.2　「インタラクションの基本原則」を用いてデジタルプロダクトの制作者が意図した「制約」を発見できる

   3.3　デジタルプロダクトの機能が目的を達成するように、デジタルプロダクトを制作することができる

2. どのようにつくるのか

2.1 作成の手順

授業は、第1回のガイダンスの後、大きく「Information and Data Literacy」「Communication and Collaboration」「Digital Content Creation」の3部に分けて進行している（表2）。加えて、これらの能力エリアを扱う授業では、講義で学んだ知識を実践的に用いることで学習内容の深い理解とスキルの定着を促すため、反転授業の形式を用いている。具体的には、受講者は授業の事前学習として、教員の作成した電子ブックまたは講義ビデオを学習管理システム（Moodle）上で閲覧し、用意された知識確認クイズに解答した上で授業に出席する。授業ではテーマごとに設定した演習に学生が取り組む。北海道大学では新入生のPC必携が定められており、学生は授業にノートPCを持参する。

授業中の具体的な活動について述べる。第2回および第3回の授業では、冒頭にその回の事前学習の振り返りを行った後で、受講者が数名のグルー

表2. 授業の構成

回数	授業テーマ	デジタルリテラシーの能力エリア
1	ガイダンス　過去の教材で学ぶ	-
2	大学での学び（1）学習に用いる情報	Information and Data Literacy
3	大学での学び（2）情報源を見極める	Information and Data Literacy
4	大学での学び（3）著作権と学問倫理	Digital Content Creation
5	教材テーマの話し合い	-
6	教材設計の理論（1）学習目標	Communication and Collaboration
7	教材設計の理論（2）課題分析	Communication and Collaboration
8	教材設計の理論（3）教材設計のポイント	Communication and Collaboration
9	教材企画書と課題分析図のピアレビュー	-
10	デジタルプロダクトの読解	Digital Content Creation
11	デジタルプロダクトの観察	Digital Content Creation
12	デジタルプロダクトの評価	Digital Content Creation
13	教材案の制作とピアレビュー	-
14	教材案の制作とピアレビュー	-
15	発表会	-

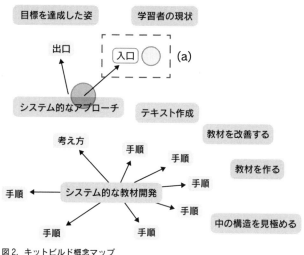

図2. キットビルド概念マップ

プを構成し、教員がグループごとに振り分けたキーワードについての情報検索と、新規性、関連性、中立性、信頼性の4つの観点に基づいて収集した情報源の見極めを行う。情報検索にあたっては、収集した情報源を見極める作業を補助するワークシート（情報源ワークシート）を利用し、テーマに関する調査内容を蓄積する。第6回から第8回の授業では、2022年度と2023年度に事前学習を補助するツールとして、教師が作成した概念マップ[3]を学習者が再構成するキットビルド概念マップ（以下、KBマップ）[4]を利用した。各回の事前学習では、学生は担当教員が作成したビデオを視聴しクイズに解答した後、学習内容を振り返るために、担当教員が事前学習の内容に合わせて作成した概念マップを、図2のようにリンク先の概念を未接続としたものを用意する。受講者はリンクをつなぎ合わせたものを授業前に提出し、授業では冒頭にその回の事前学習の振り返りを行った後で正解のKBマップを見せ、マップ作成における学生の正答と誤答の状況を解説する。その上で、教員が用意した複数のワークシート（教材企画書と課題分析図）を用いて、教材の学習目標と構成について検討する作業を行う。第10回から第12回の授業では、冒頭にその回の事前学習の振り返りを行った後で、教員がAdobe Expressの利用方法を解説し、受講者は教材を制作する。

2.2 改善の手順

教材制作の過程で、受講者はワークシートと教材案の改善を繰り返し、教材を改善する。第9回には、前回までに作成した教材企画書と課題分析図の相互評価を行い、第13回と第14回では、作成中の教材案の相互評価を行う。相互評価では、受講者をランダムに3名程度のグループに分け、3分程度で各々の制作物について解説をした上で、他の受講者が必ず1つは質問またはコメントを返す。その後、受講者はGoogleフォーム（図3）に教員が指定した複数の観点から、口頭で伝えたコメントを含めて建設的なコメントを記載して提出する。提出したコメントはGoogleスプレッドシートで学生間に共有し、教員はその後の制作物の改善に役立てるように指示した。

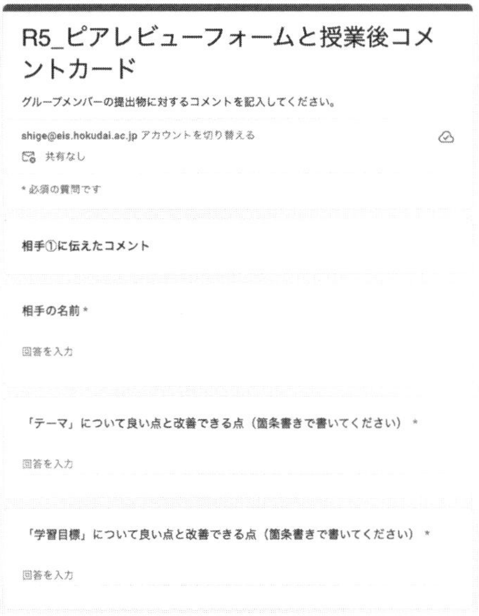

R5_ピアレビューフォームと授業後コメントカード

グループメンバーの提出物に対するコメントを記入してください。

shige@eis.hokudai.ac.jp アカウントを切り替える

共有なし

* 必須の質問です

相手①に伝えたコメント

相手の名前 *

回答を入力

「テーマ」について良い点と改善できる点（箇条書きで書いてください） *

回答を入力

「学習目標」について良い点と改善できる点（箇条書きで書いてください） *

回答を入力

図3. 相互評価フォーム（教材企画書と課題分析図の相互評価で使用）

2.3 作成物の活用

受講者が制作したオープン教材は、学生が許諾した場合に限り翌年以降の受講者に対し、過去の教材の参考例として提供している。授業では、第1回のガイダンスに続いてかつて同じ授業を受講した学生の制作した教材を閲覧し、学生は教材を使って実際に学ぶ。このことで、制作物のゴールイメージを明確にして受講者にどの程度のレベルの教材制作が求められるかの見通しを持たせ、受講への動機付けを高める。また授業の最終回では発表会を実施し、制作した教材を電子的に配布して相互に実際に学ぶ時間を設け、教材の感想を互いにフィードバックする活動を行う。これにより、教材で学ぶ楽しさと自らの制作した教材の出来映えに対する好意的なコメ

ントや更なる改善指針を得ることで、受講全体を通した満足感を高めるよう工夫している。

3. つくって学ぶことの効果・利点

　つくって学ぶことの効果と利点としては主に3点挙げることができる。

　第一に、教材を制作する経験を通して、受講者それぞれが興味を持つテーマに関してより深く関わることができることである。学習理論においてLearning by Teaching[5] が強調されるように、教えることはより深く学ぶことへの近道である。本授業では受講者が情報社会を生き抜くためのデジタルリテラシーを身につけることを目指し、自らが興味を持ったテーマに基づいて情報源を調査分析し、知り得た内容を人に教えられる教材としてまとめる。この作業を通して、単なる調べ学習にとどまらない、新たな知識を他者に効果的に伝えられるように伝達しようとすることで、授業を通じて学んだ知識を深く理解することを狙っている。

　第二に、受講者同士がよりよい教材を制作するために協力することにより、自らの興味や授業内容に関する理解を相互に確認し合いながら、履修内容の広範な理解を促しうることである。受講者からは、授業の感想として「ピアレビューしたことで自分の気づかない改善点を知ることができた」、「相互評価を通じて自分の教材に足りないところが分かった」、「自分では気づきにくい改善点などに対するアドバイスをもらえたため、他者からの意見によって視野が広がった」などのコメントが得られている。同じ授業の受講者の中にも当然得意不得意があり、学習内容に対する互いの理解を伝え合い補い合う機会を設けることで、より多くの受講生が到達目標へ近づくことが可能となる。本授業は反転授業の形式を取り入れることで個別学習の最適化にも配慮しつつ、授業時間のできるだけ多くを学生間のインタラクションに費やす授業設計をとることで、受講者同士が相互に補完的な役割を持つことが可能となっている。

　第三に、受講者それぞれの興味やこだわりに基づいた制作型授業が可能となる点である。当初、この授業はグループで1つの教材を作る方法を採っていた。これにより質の高い教材を作ることはできたものの、各々の

受講者の興味に応じた教材を作成するのではなく、グループ内で合意形成を取りやすい無難なテーマの教材を作る結果となった。この反省から、現在では受講者が一人１つの教材を作成し、自己の興味関心を中心としつつ、これからの情報社会で生き抜いていくデジタルリテラシーを幅広く学ぶ構成に修正した。このことにより受講者に対して、それぞれの教材テーマに関する興味関心をもとに、複数回の相互評価により多様な視点を取り入れながら「他の学生とは異なる個性のある教材を作る」という学習動機を持たせるよう促す授業に変化した。

おわりに

　本章では、学生が大学生活を有意義に過ごすため、またこれからの情報社会を生き抜いてゆくために必要な知識やスキルを、デジタルリテラシーの枠組みを参照しながら身につけることを目指す授業において、教材制作を取り入れた授業の事例を紹介した。教材制作の過程で、学生が学習内容に深く関わり、他者の意見により自らの学びを振り返りながら、自己の興味関心に基づいたテーマの教材を作ることを通して、授業の到達目標として設定された知識やスキルを確実に身につけることを意図した授業設計を取り入れている。

　制作型授業では受講者の評価が成果物により行われるため、受講者は成果物を提出すること自体の重要性は理解するが、その過程でどのような知識やスキルを身につけるべきかという学習過程における学びの重要性が十分理解されない可能性がある。そのため、本授業では受講者に対して、段階を踏んでデジタルリテラシーに関する知識やスキルを身につけることを強調した上で、ワークシートや各種ツールを用いることでそれぞれの学習過程における学習活動を充実させ、成果物の質を高めるように配慮している。加えて、相互評価の導入により受講者が互いの制作物に触れる機会を増やすことで、自身の制作物を改良する視点を得るようにし、受講者同士が相補的な関係を持つことも重視している。

　今後の展望として、制作した教材を本当の意味で「オープン」にして、学習効果を高めることがある。現在は未来の受講者に対して、受講者が制

作した教材を公開することにとどまっているが、これを一般公開し、未来の学生がその教材を直接改変して教材を作るなど、よりオープンな教材制作プロセスを取り入れることも可能である[6]。また、デジタル機器やデータの扱い方の安全性や問題解決など、デジタルリテラシーの他の能力エリアに関する学習も取り入れることにより、デジタルリテラシーに関するより広範な知識やスキルを身につける授業に変えていくことも目指したい。

(注)
1) 令和6年度 北海道大学全学教育科目実施の手引（教職員用）p. 4
2) A Global Framework of Reference on Digital Literacy Skills for Indicator 4.4.2 pp. 24-25 https://uis.unesco.org/sites/default/files/documents/ip51-global-framework-reference-digital-literacy-skills-2018-en.pdf
3) Novak, J. D., and Canas, A. J. (2006) The Theory Underlying Concept Maps and How to Construct Them, Technical Report IHMC CmapTools
4) 平嶋宗, 長田卓哉, 杉原康太, 中田晋介, 舟生日出男 (2016) キットビルド概念マップの小学校理科での授業内利用の試み. 教育システム情報学会誌, 33(4) pp. 164-175
5) Gartner, A., Kohler, M. C., Riessman, F. (1971) Children teach children: learning by teaching. England: Harper & Row
6) このような取り組みは Open Pedagogy（または OER-Enabled Pedagogy）として、海外では複数の実践が紹介されている。https://openpedagogy.org/examples/

第5章

教材をつくるⅣ
──オープンエデュケーションについて学べる教材制作の事例

中澤明子

はじめに

　本章では、東京大学教養学部における授業「オープン教材をつくろう！」の事例を紹介する。この授業は、オープンエデュケーションについて学べるオープン教材を制作することで、オープンエデュケーションへの理解を深めることを目指すものである。受講者は、オープンエデュケーションの定義・事例について学んだ後、一人もしくはグループでスライドやテキストベースの教材を制作する。教材をつくる中で、内容について深く調べ、解釈し、整理する活動が生じ、内容への理解が深まる。2021年度より毎年度計4回開講してきた。

　本授業は教養学部における1・2年生対象の授業（全学自由研究ゼミナール）と3・4年生対象の授業（高度教養特殊演習）の合併授業として開講された。受講者数はこれまで15〜24名であった。文科類だけでなく理科類の学生も多く、決して教育に強い関心があり専門とする学生だけではないのが特徴である。受講動機は、教育に関心がある学生や、家庭教師や塾講師などの人に教えるアルバイトをしていることから関心を持つ者がおり、さまざまである。授業への関心は高い一方で、オープンエデュケーションについてはほぼ知らない学生がほとんどである。学期の冒頭で行うオープ

ンエデュケーションに関するインプットを効果的に行うことに加え、教材制作を完遂できるという自信を生み出すような授業運営が教員に求められる。本章では、2023年度に開講した授業を取り上げて紹介する。

1. 何を誰に向けて何のためにつくるのか

1.1 作成物

　受講生は、オープンエデュケーションについて学べる教材を制作する。教材は、「インターネットを活用した教育に関心がある大学生が、オープンエデュケーションについて学べるスライドやテキストベースのものにすること」（2.2参照）、「自学自習で学べること」、「短時間（10〜30分、長くても1時間程度）で学べること」を条件としている。また、教材制作の意味づけや意欲維持をねらい、制作した教材をオープンにすること、つまりウェブサイトでの公開が最終的な目標であることを受講生に伝えた（2.4参照）。

1.2 目的

　授業の目的は、「オープンエデュケーション、教材設計の理論・方法についてより深く理解するため、オープンエデュケーションについて学べ、ウェブで誰でも自由に使えることを想定した教材を作成する」ことであった。ウェブには、さまざまな教材があふれており、自分で教材をつくって公開することも容易になっている。一方、個人による教材制作と公開だけでなく、教育機関が制作した教材などをオンラインで公開する取り組みもある。教育機関が教材を公開する取り組みは、オープンエデュケーションの一つといえよう。そもそもオープンエデュケーションとは、「教育をあらゆる人たちに対して『オープン』にする活動のこと」であり、「教育を受けるうえでのさまざまな障壁を取り払い、より多くの人々が教育の機会を持つことができるようになることを目指す」[1] ものである。

　授業の到達目標は、下記の6点である。完成した教材、毎回の授業後の大福帳の提出、授業中の学習活動により到達度を確認した。

①　オープンエデュケーションやオープン教材の定義を説明できる

②　オープンエデュケーションやオープン教材の事例を列挙できる

③　教材設計の理論と手順、注意点を説明できる

④　グループで教材を設計できる

⑤　グループで教材を作成できる

⑥　教材設計の理論に基づいて他者の教材を評価できる

2. どのようにつくるのか

2.1　作成の手順

　第1回のガイダンスの後、「オープンエデュケーション、オープン教材について学ぶ（第2・3・5回）」では、オープンエデュケーションやオープン教材（OER : Open Educational Resources）の定義や事例を扱った。第2回ではミニレクチャと Think-Pair-Share、グループワークを通じて、オープンエデュケーションやオープン教材の定義・特徴を学習した。第3回は、ジグソー法を用いて学習を進めた。受講生は、オープンエデュケーション関連の出来事がまとめられた年表、OCW（Open Course Ware）を取り上げた5つの新聞記事をまとめた資料、MOOC（Massive Open Online Courses）を取り上げた5つの新聞記事をまとめた資料の3種類を分担して読み、相互説明の後、「オープンエデュケーションやオープン教材が与えるポジティブなインパクトと課題は何か」についてグループで議論した。第5回では、オープンエデュケーションの研究者である北海道大学・重田勝介教授がオンラインでゲスト講義を実施し、北海道大学の取り組みや社会人向けの講座などについて情報提供した。受講生は第2・3回の授業を通じてオープンエデュケーションに対する疑問点を持っていた。第5回授業は、疑問点を直接ゲスト講師に尋ねる機会となり、受講生から多くの質問が出された。

　第4・6回は、「教材設計の理論・手順・注意点について学ぶ」を扱った。第4回は、教材の設計に必要な理論をジグソー法で学んだ。具体的には、①出入口（学習目標、学習者の情報など）を決めること、②何をどのように

整理して教えるのかを計画すること、③教え方を考え、それから④教材をつくり、⑤改善することを手順として提示した[2]。そして、①〜③それぞれに関する資料を用意し、ジグソー法を用いて相互説明や議論を行った。議論では、グループごとに「教材を作る時に最も重要なことと、注意点は何か」について話し合った。第6回は、オープン教材と関わりが深く教材制作のために必要な知識として著作権やライセンスを扱った。著作権については、教材をつくる際に必要となる基礎的事項に限定して伝えた。また、CCライセンス（Creative Commons Licenses）[3]を紹介し、教材制作や公開において活用することを説明した。これらの説明はペアワークやグループワークを交えながら行った。

第6回の後半と第7回は、「教材を構想する」授業であった。第6回の後半では、グループでの活動を開始した。第5回後に受講生にアンケートを実施し、「オープンエデュケーションで興味関心のある内容・トピックや教材で扱いたい内容」を尋ね、その内容に応じて教員がグループ分けを行った。グループでの活動を始める前には、グループ活動のルールとして、コミュニケーションを丁寧にすること、フリーライドせず自分なりにグループに貢献すること、困ったときは教員に相談することを伝えた。とりわけ、自分なりにグループに貢献することは、グループで一つのものをつくり上げる際には大切である。グループメンバーの特性を活かしながら進めることを伝えた。その後、受講生は、教材設計書（図1）の作成を始めた。さらに、第7回では、教材の魅力を高めるための工夫として、ARCSモデルを紹介し、受講生は完成しつつある教材設計書をARCSモデルの観点から見直し修正した。

第8回は、中間発表として作成した教材設計書の発表を行った（2.3. 参照）。第9回〜第12回は教材設計書に基づいて、受講生が教材を制作した。グループでの制作であるため、Googleスライドを用いて共同編集しながら制作した。第13回は最終発表として完成した教材を発表した。

2.2 制作を円滑に進めるために

教材設計書は、第4回に扱った教材設計の理論に基づいて構成されたGoogleドキュメントである。設計書の項目を埋めることで、理論に基づ

```
===作成する教材についておさらい===
  ● 教材の対象者
      ○  大学生
      ○  インターネットを活用した教育に興味がある
      ○  オープンエデュケーションという言葉を知っている
      ○  オープンエデュケーションについて詳しくは知らない
      ○  教材の対象者が知りたいことや悩み
          ■  オープンエデュケーションって何?
          ■  オープンエデュケーションではどんなことが行われているの?
          ■  オープンエデュケーションの意義と課題は?
          ■  オープン教材って何?
          ■  オープン教材ってどこで、誰が、どうやって使えるの?
          ■  オープン教材はどんなことに役立つの?
          ■  オープン教材の意義と課題は?
     詳細 :


====================

(1) 教材のタイトル

(2) 学習目標（出口を決める）
   ※学習目標は1〜3個程度がよいです。

(3) 前提条件、前提テスト（入口を決める）

(4) 事前／事後テスト（入口/出口を決める）
```

図1. 教材設計書の一部

いて教材の内容を検討できる。

　また、教材で学ぶ学習者像を受講生が理解しておくことで教材制作を円滑に進められると考えた。そこで、2名の架空の大学生が授業で発表するためにオープンエデュケーションやオープン教材について学ぼうとしているというストーリーを教員が設定し、受講生と共有した（図2）。

2.3 改善の手順

　教材は、改善することでより良いものにすることができる。その機会を授業で設けることが肝要と考える。本授業では、第8回の中間発表、第13回の最終発表がその機会となる。中間発表と最終発表は、ジグソー法

を援用した方法で実施した。すなわち、異なるグループのメンバーで構成される小グループ（1グループあたり5人）をつくり、受講生はその中で自分のグループの教材について説明した。これにより、全員が発表する機会を得られ、発表にタダ乗りする受講生はいない。また、小グループで発表に対するコメントを行うため、質問や意見が出てきやすいメリットもある。さらに、一つのグループの教材に対して、クラスのほぼ全員からフィードバックを得られることもメリットである。

```
        皆川 弘明          松橋 有加
      年齢 19歳         年齢 18歳
      出身地 大阪府       出身地 東京都
      職業 大学生        職業 大学生
      家族 ひとり暮らし    家族 両親、弟


  皆川と松橋は、同じ大学に通っている。
  大学の教育に関する授業で、「グループごとに2000年以降の教育
  で注目されてきたトピックを一つ取り上げて発表する」という課題が
  出た。
  同じグループになった皆川と松橋は、何について発表するかを話し
  合った。二人とも、オンライン授業を受けた経験から、インターネットを
  活用した教育に興味があることがわかった。そこで、インターネットを
  活用した教育に焦点を当ててトピックを探すことにした。
  その中で、オープンエデュケーションやオープン教材という言葉があ
  ることを知った。

  どこかにオープンエデュケーションやオープン教材について知ること
  ができる教材はないかな？


  ＜皆川さん、松橋さんが知りたい内容、悩み＞
  ・オープンエデュケーションって何？
  ・オープンエデュケーションではどんなことが行われているの？
  ・オープンエデュケーションの意義と課題は？
  ・オープン教材って何？
  ・オープン教材ってどこで、誰が、どうやって使えるの？
  ・オープン教材はどんなことに役立つの？
  ・オープン教材の意義と課題は？
```

図2. 教材で学ぶ学習者のストーリー

　第8回の中間発表では、発表者は4分程度で設計書の内容を小グループ内で説明した。中間発表を、教材制作を促進する機会として使ってもらうため、困っていること・悩んでいる点・コメントが欲しい点があれば説明時に共有することを伝えた。発表を聞いている受講生は、発表を聞きながら、あるいは発表後の質疑応答の時間に相互評価フォーム（Googleフォーム）に評価やコメントを記入した。相互評価フォームは、発表者の教材設計書が教材設計に必要な要素を満たしているかを選択する項目、教材設計書についてよくできている点、改善点を記述するものである。フォーム内で発表者のグループを選択することで、フォームの送信内容が即座にそのグループのGoogleスプレッドシートにコピーされる。中間発表後は教材制作のグループに戻り、コピーされた相互評価のコメントや、教員によるフィードバックに基づいて教材設計書の改善点を議論し、教材設計書の修正を行った。

　第13回の最終発表も同様の方法で実施した。最終発表では授業開始前

までに教材を閲覧できるようにしておき、最終発表では教材の概要を簡潔に述べたうえで、教材制作で苦労した点・工夫した点・とくに見て欲しい点を受講生が説明した。最終発表後には教材制作のグループに戻り、相互評価フォームのフィードバックを確認・議論した。

中間発表・最終発表のほかにも、第9回～第12回の授業で改善の機会を設けた。ほかのグループのメンバーとペアになり、教材制作の進捗に加え、意見をもらいたい点・困っていること、工夫している点を共有し互いに気づいた点をコメントしてもらった[4]。10分程度の共有・コメントの後、もとのグループに戻り、教材に対するコメントやほかのグループの教材でよかった点などを共有し、受講生は教材制作に活かした。

2.4 作成物の活用

第13回の最終発表後、グループごとに教材をウェブで公開するかを検討し、希望するグループは教材をウェブで公開した。公開する場所は筆者の所属する部門のウェブサイトである。ただし、公開には、「グループメンバー全員が公開に同意していること」、「必要に応じて教材の修正に対応すること」、「著作権など権利的な問題をクリアしていること」、「内容に誤りがないこと」という条件を設けた。このうち、権利的な問題と内容の誤りは、筆者と協力者[5] が作業して検討した。作業の結果、必要であれば受講生は教材を修正した。そして、受講生は教材に提示するクレジットを決め、筆者がCCライセンスを明示してウェブで公開した。

これまで公開した教材のタイトルは下記のとおりである[6]。また、2023年度に公開した教材の一部を図3に示す。

【2022年度】
・Open Education for Everyone
・それ OER っぽくね？

【2023年度】
・MOOC と OCW って何だろう？～オープンエデュケーション教材の強みと課題～
・「オープン教育・教材」について知ろう！

図 3. 2023 年度に公開した 2 グループの教材の一部

---

3. つくって学ぶことの効果・利点

　学習者は教材制作をとおしてオープンエデュケーションについて学ぶことをどのように感じていたのだろうか。これまでの授業では、第 13 回の授業終了時に受講生の到達度の確認と授業の改善点を探るためアンケートを実施してきた。その結果を紹介する。

　表 1 は、開講年度ごとのアンケート結果である。受講生は、Q1〜Q4 の質問について、「1: まったくあてはまらない」〜「5: とてもあてはまる」の 5 件法で回答した。いずれの質問についても平均値は 4.00 以上であり、

表1. 開講年度ごとの学期末のアンケートの結果

	2021年度 Sセメスター N=16	2021年度 Aセメスター N=15	2022年度 N=20	2023年度 N=14
Q1.（学期前半の）オープンエデュケーションに関する授業は、オープンエデュケーションについて理解するのに役立った	4.63 (0.50)	4.73 (0.46)	4.85 (0.37)	4.79 (0.43)
Q2. 教材設計書、教材作成は、オープンエデュケーションについて理解するのに役立った	4.44 (0.63)	4.73 (0.46)	4.70 (0.47)	4.71 (0.47)
Q3. 授業を受ける前と比べて、オープンエデュケーションへの興味関心が高まった	4.50 (0.63)	4.53 (0.52)	4.75 (0.44)	4.86 (0.36)
Q4. 授業を受ける前と比べて、教材づくりへの興味関心が高まった	4.38 (0.62)	4.53 (0.44)	4.95 (0.22)	4.71 (0.47)

数値は平均値、（　）は標準偏差

学期前半のオープンエデュケーションに関するインプットや教材制作がオープンエデュケーションの理解に役立ったと感じていることがわかる。さらに、授業を通じてオープンエデュケーションや教材制作への興味関心が高まったことも読み取れる。

　また、教材づくりがオープンエデュケーションへの理解を深めることに対して役立ったか、あるいは役立たなかったかについて考えや感想を自由記述で尋ねた。自由記述の文章を内容ごとに区切り分類したところ役立った理由として、教材づくりや能動的に活動することそのものが役立ったという記述（13件）のほか、「作成で調べる物理的時間が増え定着に役立った」（4件）など教材制作の中で調べる活動を行ったことや、「制作過程で何度も授業内容を復習したため、オープンエデュケーションについての知識定着に大きく貢献していたと思います」（22件）など授業内容の復習や知識の確認・整理の機会となり、理解が深まったという記述が見られた。さらに、「他のグループの内容を知ることによって、自分たちが触れなかった内容についても復習することができた」（2件）という記述があり、中間発表や最終発表、制作段階での改善の機会で他者の教材に触れたことが、改善だけでなくオープンエデュケーションの学習機会になっていたと考えられる。

　次に、教員にとっての効果・利点を考えたい。筆者が授業をする中で感じるのは、受講生が制作する教材そのものが授業へのフィードバックになることである。とくに、本授業を開講し始めた頃、受講生が制作した教材

設計書や教材を見て、事実の誤りや教員が意図せぬ捉え方があることに気づいた。コース全体のスケジュールでみるとオープンエデュケーションのインプットの時間は決して長くはない。しかし、そこでの情報伝達やグループワークによる理解は受講生にとって影響が大きいものである。受講生が教材制作を進める中で、そのことを強く認識した。これを受けて、インプットの授業回の授業設計を見直し、毎年改善を重ねている。「つくって学ぶ」ことは、受講生の理解を深めるために必要と考えて導入したが、実際は授業改善に役立ったのである。また、つくることと直接関係はないけれども、ゲスト講義での受講生による質問も授業設計の見直しに有用であった。それまでの授業でのインプットを受けて、受講生がどのような疑問をもつのかを把握することができ、次年度以降の授業に反映することがあった。

おわりに

　本章では、オープンエデュケーションについて学べる教材を設計することで、オープンエデュケーションへの理解を深めることを目指す授業「オープン教材をつくろう！」について紹介した。

　最後に、筆者の感想を述べたい。毎回、内容も、構成も、デザインも異なるさまざまな教材が制作されることに驚く。同じ題材と形式で教材をつくったとしても、一つとしてまったく同じものは生み出されないのである。これは、受講生がグループメンバーとアイデアを出し合い、ほかのグループの良い点を参考にしつつ、発表でのフィードバックを受けて修正し、熱意をもって取り組んだ結果であろう。できあがった多様な教材をみると、複数の人が協力して一つのものをつくり上げるパワーの凄まじさを感じる。また、制作した教材を「オープンにすること」を目標とすることは、受講生が教材制作に取り組むモチベーションとなっているように思う。それは、「公開する」という意味での「オープンにする」だけでなく、オープンエデュケーションに寄与できるという意味での「オープンにする」の意味を受講生が理解しているからにも思える。これからも、教材を「オープンにすること」を目指して教材制作と公開を行いたいと考える。

(注)

1) 重田勝介（2014）オープンエデュケーション：知の開放は大学教育に何をもたらすか．東京電機大学出版局

2) 手順や扱う内容は、鈴木克明（2002）教材設計マニュアル：独学を支援するために．北大路書房　を参考にした。

3) クリエイティブ・コモンズ・ジャパン．https://creativecommons.jp/

4) 第7章でも同様の活動を行っているため、参照いただきたい。

5) 動画教材制作過程における著作権処理業務に携わった経験を持つ鈴木香織氏に協力を求めた。この場を借りて感謝申し上げる。

6) これまでに公開した教材は https://komex-ex.c.u-tokyo.ac.jp/ja/open-educational-resources/ からアクセスできる。

第6章

教材をつくるⅤ
──国際紛争ケースブックの事例

中村長史

はじめに

　本章では、東京大学教養学部における授業「国際紛争ケースブックをつくろう」において学生自身が教材を作成した事例を紹介する。本授業は、学生自身が「国際紛争ケースブック」という教材を作成することによって国際紛争（ここでの国際紛争は、戦争や内戦等の武力紛争を指す[1]）について学ぶものである。学生は、複数の国際紛争の経緯や構図、原因等について調査・分析し、最終的にケースブックを作成する。その過程で、ある国際紛争に対する見方は決して一様ではないことに気づき、できる限り客観的に紛争を捉えるための方法を習得することが期待される。

　国際紛争ケースブックとは聞きなじみが薄いものだと思われるが、ロースクールにおける判例やメディカルスクールにおける症例が豊富に掲載されている教材（ケースブック）の国際紛争版だといえばイメージがわきやすいだろうか。ただし、この授業では、そうした教材を学生自身がグループで作成するところに特徴がある。つくっていく過程で紛争について様々なことを自ら調べたり考えたりすることが深い学びになるだろうという狙いで、2020年度より不定期に、これまでに計3度開講してきた。

　教養学部における1・2年生対象の授業（全学自由研究ゼミナール）と3・

4年生対象の授業（高度教養特殊演習）の合併授業として開講されるため、学年や専攻を横断して受講者が集まる。受講者数は年度によりばらつきがあり、これまで11〜28名であった。選択授業ゆえ、受講者のモチベーションは総じて高いが、学年や専攻がばらばらなことから既有知識に差が出やすい点に教員が配慮する必要がある。受講者同士の教え合い・学び合いが生まれるような環境づくりを意識することが教員には求められる[2]。

1. 何を誰に向けて何のためにつくるのか

1.1 作成物

本授業で学生が作成する国際紛争ケースブックは、各紛争の「5W1H」、すなわち、紛争の主体（who）、紛争の原因（why）、紛争の時期区分（when）、紛争地の民族・宗教・政治体制・経済状況（where）、紛争における当事者・第三者の行動（what&how）などについて整理したものである（図1）。これまでに扱われた紛争は、アフガニスタン、カンボジア、イラク、ソマリア、ボスニア、ルワンダ、チェチェン、コンゴ、コソボ、東ティモール、リビア、シリア、イエメン、ミャンマー、ウクライナ等多数にのぼる。

学生には、ケースブックは学術論文ではなく教材であることを意識するように伝えている。つまり、専門家に向けて作成するのではなく、当該紛争についてほとんど知らない読者を想定して図表等も活用してわかりやすく解説することを求めている。そのため、教員からのフィードバックでは、記述の正確さに加えて、わかりやすさの観点も重視することになる[3]。

この点につき、ケースブックの作成過程では、他の紛争を担当している学生とケースブックを交換して相互にコメントし合う機会を多く設けている。自分が担当していない紛争については必ずしも多くの知識がない以上、互いに相手にとっても読みやすいものとなっているかに留意しながら作成していくことになる。

なお、本授業の受講者は、ケースブック作成前の練習として、前年度までの受講者が作成したケースブックの改訂作業を行う。その意味では、先輩受講者が後輩受講者に代々読まれることを想定して作成しているともい

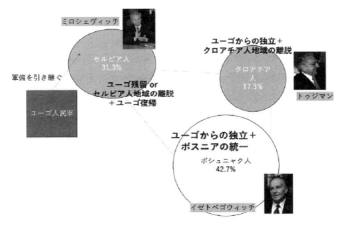

図2. ボスニア紛争当事者関係図

■ 概要
　ボスニア紛争は、旧ユーゴ紛争の一つである。第二次世界大戦後チトー政権で統一されていたユーゴは、チトーの死と石油ショックを起因とする経済危機、冷戦の終結により動揺し、紛争が生じた。旧ユーゴ紛争には、発生順にスロヴェニア紛争・クロアチア紛争・ボスニア紛争・コソボ紛争・マケドニア紛争があり、ボスニア紛争はク

図1. 学生が作成した国際紛争ケースブックの一部（ボスニア紛争）

えるだろう[4]。

1.2　目的

　このようなケースブックを学生自身が作成するのは、何のためか。それは、第一に、担当する紛争の5W1Hを正確に理解するためである。紛争が続く過程で、登場する主体やその立場が変化することが少なくない。それゆえ、紛争の主体（who）といった、一見調べればすぐにわかりそうなものであっても、慎重に検討を重ねる必要がある。関連して、どのような時期区分（when）をすると当該紛争について理解しやすくなるかも、ケースブック作成者として工夫のしどころである。ましてや、紛争の原因（why）のような専門家の間でも見解が分かれやすい点については、より一層の慎重な検討が必要となる。また、紛争というものが相反する目的を追求する複数の当事者の間で対立が生じる事態である以上、特定の当事者の側に偏った情報にのみ依拠していては正確な理解とはいえない。学術的に信頼が置ける複数の文献・資料にあたって丁寧に情報収集をすることが

求められるため、学生の調査・分析能力の向上が期待できる。

　第二に、他の紛争を担当している学生との意見交換を通じて、前の事例が後の事例に与えた影響等の紛争間の関係性についても学ぶためである。ケースブックづくりは、社会科学における方法論としては少数事例分析に相当するが、先例から後例への影響を記述しやすい点は、一つ一つの事例を深く検討する少数事例分析の特長だと考えられている[5]。この点に自覚的になって、担当する紛争以外にも関心を払うことが学生には期待される。

2. どのようにつくるのか

2.1 作成の手順

　こうした目的を掲げる本授業は、大きく第1部「ケースブックの改訂」（第1～7回）と第2部「ケースブックの作成」（第8～13回）の二つに分かれている（表1）[6]。第1部では、いきなりケースブックをゼロから作成することは難しいので、まずは練習として、前年度までの受講生が作成したケースブックの改訂から始めることにしている。扱いたい紛争についての学生の希望を踏まえてグループに分かれた後、グループ内・グループ間のディスカッション、教員からのフィードバックを繰り返し、ケースブックの改訂を進めていく。そして、第7回では、グループごとに、その最終成果を報告する。

　改訂の作業は、大きく二つある。一つは、「情報を足していく」形である。歴代の受講者はそれぞれ力のこもったケースブックを作成してくれるものの、紛争が複雑なものであり、紛争に関する資料や書籍、論文が膨大にある以上、限られた期間内では調べきれないのも事実である。他にも参考にすべき文献がある場合に、そうした文献に基づく情報を次の年度の受講者が足していくという例はよくみられる。

　もう一つは、実は、「情報を削る」という形である。歴代の受講者が熱心に調べてくれるだけに情報が盛りだくさんのケースブックが仕上がりがちなため、いささか難易度が高く、当該紛争をあまり知らない読者にとっては、何が何やらかえって分からなくなるといったことも起こりかねない。ケースブックがあくまでも教材である以上、これは成果物としては望まし

表1. 授業全体の構成

【第1部：ケースブックの改訂】	【第2部：ケースブックの作成】
第1回：ガイダンス	第8回：作成作業・中間報告①
第2回：改訂作業・中間報告①	第9回：作成作業・中間報告②
第3回：改訂作業・中間報告②	第10回：作成作業・中間報告③
第4回：改訂作業・中間報告③	第11回：作成作業・中間報告④
第5回：改訂作業・中間報告④	第12回：作成作業・最終報告
第6回：改訂作業・中間報告⑤	第13回：総括
第7回：改訂作業・最終報告	

くない。そこで、情報を削ぎ落として整理するといった方向の改訂が必要になることもある。

　こうした改訂作業は、授業中にはグループで行う。まず、授業の前半で、各グループ内でケースブックの完成に向けたディスカッションを行う。授業の後半では、グループ間のディスカッションを行う。各グループがそれぞれ異なる紛争を扱っているため、自分達のグループが担当していない紛争について調査・分析をしている学生と意見交換をすることになる。ここでの狙いは、3つある。第一に、自分達のグループが担当していない紛争の5W1Hについても学ぶことができるため、知識が増えるという点である。第二に、他の紛争との比較によって自分が担当している紛争の特徴を把握したり、前の事例が後の事例に与えた影響等の紛争間の関係性を把握できたりするという点である。そして、第三に、当該紛争については必ずしもよく知らない学生からのコメントによって、自分達のグループのケースブックが細かいことに走り過ぎていて大局的なところがつかみにくくなっていないかを確認できるという点である。これらの効果を期待して、本授業では毎回授業の後半をグループ間のディスカッションにあてている。

　第2部では、改訂作業で学んだことを踏まえて、ケースブックをゼロから作成する段階へと入っていく。改訂作業時と同様にグループに分かれ、各グループがそれぞれ異なる紛争を扱う。そして、やはり改訂作業時と同様に、グループ内・グループ間のディスカッション、教員からのフィードバックを繰り返し、その最終成果を第12回で報告する。改訂作業の段階に比べて紛争間の関係性にも目を向けるグループが多くなるなど、確かな成長が感じられるのは、教員としてうれしい瞬間である。

2.2 作成物の活用

　ケースブック作成後の活用法は、大きく二つある。一つは、自身が作成したケースブックや他のグループが作成したケースブックを他の授業での学習や卒論執筆の際に参照するというものである。それだけに、後々の学びにも十分に耐えられるようなレベルのものを作成することが期待される。

　もう一つは、先述のとおり、次年度以降の受講者にケースブックを引き継いで、さらなる改善を次年度の受講生が図るというものである。後輩受講者に対して「恥ずかしくないレベル」のものを作成しようと意欲的に取り組む学生の姿を目の当たりにした際には、教員としては「我が意を得たり」という気持ちになる。後輩受講者の視点からいえば、先輩受講者がつくったもので学んで、さらにそれをより良くして次の代に引き継ごうとすることになる。副次的な狙いとしては、学生が先輩からの「継承と発展」を意識して、自身の帰属する組織の教育をより良くしていく主体であるとの実感を持ってほしいとの思いもある。

---

3. つくって学ぶことの利点と留意点

3.1 利点

　学生にとっては、ケースブックを作成することに、どのような効果や利点があるのだろうか。第一に、つくっていく過程で主体的に調べたり考えたりすることになるため、座学の授業や読書で一方向的に学ぶ場合よりも、紛争の 5W1H について記憶に定着しやすかったり理解が深まったりしやすいという点が挙げられるだろう。授業で学んだ際や書籍・論文を読んだ際には理解したつもりであったものの、いざ文章で説明しようとすると自分の理解が不十分であったことに気づかされるといった経験は、誰しもが身に覚えのあることではないだろうか。その際に、ケースブックを仕上げるために学生が自発的に調査・分析をすれば、学びを深める機会となるだろう。これは、他章の事例とも共通する「つくって学ぶ」ことの利点だといえる。

　第二に、複雑な事柄についてわかりやすく記述する訓練になることが挙げられる。ケースブックが教材である以上、正確さに加えてわかりやすさ

も重要であるが、紛争の多くは、構図や原因が複雑なものである。したがって、学生は、ケースブックづくりを通して、複雑な紛争を過度に単純化することなく、かといって細か過ぎて大局がつかめないようになることも避けるべく記述するという難題に取り組むことになる。こうした訓練が可能になることも利点として確認しておきたい。

3.2　留意点

上記のような利点がある分、ケースブックづくりに取り組む学生の負担は大きい。そのため、教員としては一定の配慮が必要になるだろう。本授業では、「足場かけ（scaffolding）[7]」として、特に以下の2点に留意している。

第一に、先述のとおり、学期の前半を「改訂」、後半を「新規作成」と二部構成にしている。いきなりケースブックをつくることから始めると、学生からすれば、ハードルが高過ぎて授業の履修自体を敬遠してしまうかもしれない。そこで、まずは既存のものをさらによくできないかを検討していくという「ジャンプすれば届く」程度の課題から始めている[8]。なお、本授業を初めて開講した際には、当然ながら「前年度までの学生が作成したケースブック」は存在しなかった。そこで、教員の方でサンプル版を作成・配布して、それを改訂してもらうこととした。

第二に、ケースブックの質を担保するべく、各グループの進捗を教員がこまめに把握し、適宜フィードバックをすることが必要になる。そこで、本授業においては、最終報告でまとめて成果を報告するだけではなく、毎週の授業でも、その時点での進捗について中間報告をしてもらっている。ただし、進捗管理においては、学生が授業外でケースブックづくりにかけられる時間には限りがある点に配慮する必要がある。日本の大学においては、卒業に必要な単位数が多いため、学生は本授業以外にも多くの科目を履修している。深い学びを得るためには一定の労力を投じなければならないのは当然のことであるものの、こうした状況を踏まえれば、授業外に求める作業量をどの程度にするかは教員として悩ましいところであり、本授業においても試行錯誤を続けている。

おわりに

　本章では、ケースブックを学生自身が作成する授業事例を紹介した。国際紛争ケースブックの作成には、紛争の5W1Hについて正確に記述するべく学生が主体的に調査・分析をするようになったり、紛争という複雑な現象についてわかりやすく記述する訓練になったりするといった利点がある。また、本授業のように前年度までの受講者による成果物の改訂を行う場合には、学生が自身の帰属する組織の教育をより良くしていく主体であるとの実感を持ちやすくなるといった副次的な効果も期待できる。

　こうした利点・効果は、国際紛争以外のテーマにおいても、さらには政治学以外の分野においても、ケースブック作成を導入してみると得られるのではないだろうか。読者におかれては、本章の事例紹介を足掛かりとして導入を検討していただけるようであれば幸いである。

(注)
1) UCDP（Upsala Conflict Data Program）の分類に則していえば、「国家が少なくとも一方の主体である紛争（国家間紛争、国内紛争、国際化された国内紛争等）」、「非国家主体同士の紛争」、「一方的暴力」のいずれをも含む。
2) 本授業においては、ケースブックづくりに必要な国際政治や国際法の前提知識について補足説明をするレクチャー動画を配信し、学生が必要に応じて授業外に視聴できるようにしている。
3) 本授業における成績評価は、合格か不合格かのみを付ける形であり、1点刻みでの点数は付けていない。
4) かつて東京大学大学院法学政治学研究科・公共政策大学院で開講されていた「事例研究 国際紛争」の授業において、担当教員であった藤原帰一先生は、これを引き継ぐごとに味わい深くなっていく「老舗のうなぎ屋さんのたれ」に喩えられていた。現在、筆者も、本授業において同様の説明を学生にしている。
5) Alexander George and Andrew Bennett (2005) *Case Studies and Theory Development in the Social Sciences*, MIT Press, pp. 33-34.
6) 本節の記述は、中村長史、八尾佳凜、中澤明子（2023）「国際紛争ケースブックをつくろう 教員・SA・受講生インタビュー」『AL NEWSLETTER』8巻4号、東京大学教養学部附属教養教育高度化機構EX部門の記述（座談会の発言内容）と一部重なる。
7) 何かを習得しようとする際には、自力でできることを増やしていこうにも、いきなり自力でできるようにはならないので、まずは他者からの援助や協同があればできるようになることを目指すことが重要である。こうした援助や協同を「足場かけ」と

呼ぶ。自転車に乗る練習において、初期に後ろを手で支えてあげるのも足場かけの一例といえる（L. S. Vygotsky (1978) *Mind in Society: The Development of The Higher Psychological Processes*, The Harvard University Press; 栗田佳代子、中村長史編著 (2023)『インタラクティブ・ティーチング実践編2 学びを促すシラバス—コースデザインの作法と事例—』、河合出版、21頁）。

8) 「ジャンプすれば届く」目標を設定する重要性については、栗田、中村編著、前掲書、13頁を参照。

第7章

授業をつくるⅠ
——SDGs を学べる授業案設計の事例

中村長史・中澤明子

はじめに

　本章では、東京大学教養学部における授業「SDGs を学べる授業をつくろう」の事例を紹介する[1]。この授業は、持続可能な開発目標（SDGs）について高校生が効果的に学べる授業を設計してみることで、SDGs についての自分自身の学びを深めることを目指すものである。受講者は、SDGs や授業設計の基本を学んだ後、高校生 40 名を対象とする 50 分間のオンライン授業をグループで設計する。他者に教えることで、本人にとっても身につく学びとなることが期待される。2020 年度より毎年度、これまでに計 4 度開講してきた。

　本授業は、教養学部における 1・2 年生対象の授業（全学自由研究ゼミナール）と 3・4 年生対象の授業（高度教養特殊演習）の合併授業として開講されるため、学年や専攻を横断して受講者が集まる。受講者数は年度によりばらつきがあり、これまで 7 ～ 27 名であった。選択授業ゆえ、受講者のモチベーションは総じて高いが、既有知識に差が出やすい点に教員が配慮する必要がある。受講者同士の教え合い・学び合いが生まれるような環境づくりを意識することが教員には求められる。この点は、第 6 章で紹介した授業と同様である。

1. 何を誰に向けて何のためにつくるのか

1.1 作成物

　受講生は、50分の授業案と、授業案に基づいて授業を行う際に使用する講義スライドを作成した。本授業では、SDGsについての学びを深めることが最大の目的（本授業の存在意義）であるため、実際に授業を行うのではなく、授業案をつくることを目指した。

　一部の受講生は高校生を対象としたオンラインワークショップで授業を行う（2.3　作成物の活用参照）。そのため、設計する授業の条件として、50分間のオンライン授業であることを設けた。また、授業の参加者は高校生40名であり自宅でパソコンを使って受講していること、SDGsについて17の目標があることを知っておりいくつかの目標を列挙できること、SDGsの背景や意義・課題・実生活との関連などについて知りたいと思っているという学習者像や状況を受講生に伝え、受講生はそれに基づいた授業案を作成した。

1.2 目的

　「SDGsについて高校生が効果的に学べる授業を設計してみることで、SDGsについての自分自身の学びを深める」ことを授業全体の目的とした。SDGsは、ミレニアム開発目標（MDGs）の後継として2015年の国連総会で採択され、17の目標が定められている。MDGsが途上国の貧困削減や社会開発に焦点を当てていたのに対し、SDGsは世界中の国々の経済・社会・環境といったより広い問題を扱うものである。その広さゆえ総花的であるという批判もある一方、多くのアクターを巻き込めるという利点も指摘されている。

　このようなSDGsの意義と課題の両面について高校生が効果的に学べる授業を設計してみることで、SDGsについての自分自身の学びを深めることを目指す。授業を設計する過程での調査や議論が、本人にとって最も身につく学びとなることを期待した。また、作成する授業案は一方向的なものではなく、アクティブラーニングを用いて受講者の学びを促すようなものとすることが期待される。

具体的には下記の6つの到達目標を設けた。いずれの目標についても、学期末に提出された授業案や授業後の大福帳[2]で到達度を評価した。前者はグループもしくは個人、後者は個人で作成するものである。

① SDGs が作成された背景について説明することができる

② SDGs の意義について説明することができる

③ SDGs の課題について説明することができる

④ SDGs の 17 の目標について説明することができる

⑤ 学習者の学びを深める授業の方法を説明できる

⑥ SDGs について学習者の学びを深める 50 分間の授業を設計することができる

2. どのようにつくるのか

2.1 作成の手順

授業は、第1回のガイダンスの後、「SDGs を学ぶ（第1回〜第4回）」と「SDGs を教える（第5回〜第13回）」の二部構成で進めた（図1参照）。第2回〜第4回の授業では、受講者は、講義と議論を通して SDGs についての基本的な知識習得を目指す。いきなり「教える」（授業案を作成する）段階に入るのは受講者にとってハードルが高いため、まずは「学ぶ」段階から始めるようにしている。ここでは、後々受講者にとって「お手本」となり得るような授業をすることが教員には求められるため、担当教員なりに様々な工夫を凝らしている。たとえば、シンク・ペア・シェア（Think-Pair-Share）などのアクティブラーニング手法の導入、Google ドキュメントといったオンラインツールの使用などである。

第5回以降の授業では、習得した基本的な知識を踏まえて高校生が SDGs について学べる授業をつくっていく。第5回、第6回の授業では、授業の設計に必要な理論を学ぶ。インストラクショナルデザインに則った授業設計の手順や工夫、アクティブラーニングのポイントや構成例を扱う。ここでも「お手本」となり得るよう、ジグソー法を用いて単に聴くだけではない授業を行う。第7回の授業から、受講生はグループもしくは個人

```
【第1部：SDGsを学ぶ】          【第2部：SDGsを教える】
第1回：ガイダンス            第5回：授業設計概説（1）
第2回：SDGs概説             第6回：授業設計概説（2）
第3回：SDGs概説             第7回：授業設計演習（1）
第4回：SDGs概説             第8回：授業設計演習（2）
                          第9回：中間発表
                          第10回：授業設計演習（3）
                          第11回：授業設計演習（4）
                          第12回：最終発表
                          第13回：ふりかえり
```

図1. 授業の構成

■1コマのスケジュール（授業を組み立てる）

経過時間	所要時間	構成（導入／展開／まとめ）	トピック（内容の要約）	内容	方法（説明／手法など）	手順（内化、外化を意識）	教材・ツール（提示するもの、オンラインツールなど）	留意点・メモ

図2. 授業設計のワークシートの一部

での授業設計を始める。受講生が授業設計を進めやすいよう、ワークシートを用意している（図2）。「授業の学習目標」、「1コマのスケジュール」など、第5回、第6回の授業で学習したことを項目にしており、ワークシートを順に記入することで授業設計を進められるようにしている。

2.2 改善の手順

授業づくりには試行錯誤がつきものである。そこで、第9回の授業では中間発表をしてもらい、教員と受講者からのフィードバックを得る機会を設けた。中間発表では、作成した授業案をグループごとに発表した。5分間の発表の後、10分間の質疑応答・コメントを設け、「よりよい授業にするには」という観点から建設的なコメントをすることを受講生に伝えた。また、Google Formsを用いた相互評価フォームを用意し、口頭に加えてテキストでも発表者にコメントできるようにした（図3）。相互評価フォームでは、発表しているグループ名を選択した上で、「学習目標」、「何

を教えるか（学習内容）」、「スケジュール」それぞれを評価する。評価基準は「S：すばらしい」、「A：よくでてきる」、「B：あと一歩」、「C：がんばろう」の4段階で記述しており、ルーブリックのように評価可能である。相互評価フォームで送信された情報はGoogleスプレッドシートに記録された後、グループごとのスプレッドシートに転記され、受講生は即時にフィードバックを閲覧できる[3)]。全グループの発表後、グループごとに相互評価フォームの内容を確認して授業案の改善を検討した。第10回の授業では、改善点に基づいた授業案の修正を行った。そして、授業案に基づいた授業を実施する際に使用する講義スライドづくりを第11回にかけて行い、第12回授業では講義スライドを用いて授業案を発表した。最終発表も10分間の発表後、5分程度の質疑応答・相互評価フォーム記入を設け、中間発表と同様に各グループに相互評価の結果を即時にフィードバックした。

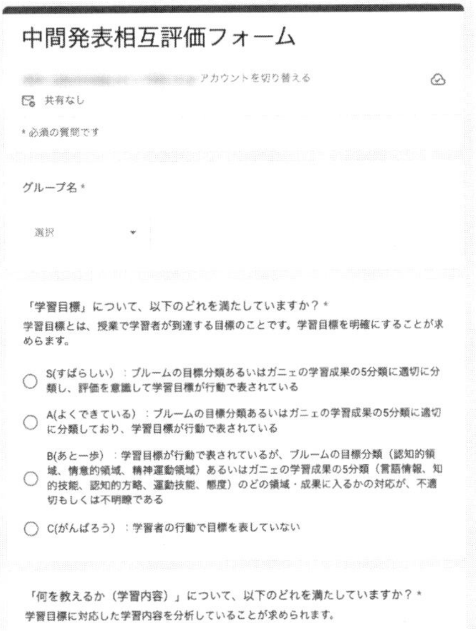
中間発表相互評価フォーム

アカウントを切り替える

共有なし

* 必須の質問です

グループ名 *

選択

「学習目標」について、以下のどれを満たしていますか？ *
学習目標とは、授業で学習者が到達する目標のことです。学習目標を明確にすることが求められます。

S(すばらしい)：ブルームの目標分類あるいはガニェの学習成果の5分類に適切に分類し、評価を意識して学習目標が行動で表されている

A(よくできている)：ブルームの目標分類あるいはガニェの学習成果の5分類に適切に分類しており、学習目標が行動で表されている

B(あと一歩)：学習目標が行動で表されているが、ブルームの目標分類（認知的領域、情意的領域、精神運動領域）あるいはガニェの学習成果の5分類（言語情報、知的技能、認知的方略、運動技能、態度）のどの領域・成果に入るかの対応が、不適切もしくは不明瞭である

C(がんばろう)：学習者の行動で目標を表していない

「何を教えるか（学習内容）」について、以下のどれを満たしていますか？ *
学習目標に対応した学習内容を分析していることが求められます。

図3. 中間発表の相互評価フォーム

第7回以降の毎回の授業でも改善の機会を設けた。それが「改善点のメタ的把握」[4)]である。第7・8・10・11回の授業の途中で、ほかのグループのメンバーとペアになり、各自の進捗報告と意見交換を行った。活動の前には、「相手のよいところを盗むくらいの気持ちで」と受講生に伝え、改善すべき点を指摘しつつも、よい点を積極的に取り入れる機会とするよう位置づけた。意見交換後はグループでペア相手からのコメントや相手グループの授業案でよいと思った点を共有した上で、受講生はさらなる改善点や方針の検討などを行った。

2.3　作成物の活用

　授業中に作成するのは授業案・講義スライドのみであり、授業の実演は行わなかった。しかし、成果物の公開の場として、高校生を対象としたオンラインでのワークショップを開催し、最終発表で優秀な授業案を披露したグループは授業を実施した。授業のなかでも、ワークショップでの授業実施を目指すことを伝え、授業案作成のモチベーションを高めた。

　2023年度の授業からワークショップまでの流れを図4に示す。選ばれたグループは、最終発表でのフィードバックを受けて授業案やスライド、配布資料のさらなる改善を図った。また、教員とともに授業外の時間に模擬授業を行い、デリバリー・スキルの練習を重ねた。そして、ワークショップ当日に、高校生を前に設計していた授業を実演した。これまでに優秀案に選ばれ、ワークショップで実施された授業は、以下の9つである。

【2020年度】
・17の目標を包括的に扱う授業「明日から自分たちにできること」
・目標7（エネルギー）を中心に扱う授業「日本の再エネを"正しく"知ろう」
・17の目標を包括的に扱う授業「SDGsの"s"の意味を考えよう」
・目標5（ジェンダー）を中心に扱う授業：「"あたりまえ"を疑え！」

【2021年度】
・17の目標を包括的に扱う授業「俯瞰してみるSDGs〜17の目標間の関係性に迫る〜」
・目標4（教育）を中心に扱う授業「隠された格差〜『誰一人取り残さない』を考える〜」

【2022年度】
・目標1（貧困）を扱う授業：「貧困ってなに？〜知らないことは解決できない〜」

【2023年度】
・17の目標を包括的に扱う授業「SDGs in Japan〜企業にできることはなんだろう〜」
・17の目標を包括的に扱う授業「SDGsマスターへの道〜"達成"に向けてできることを考えてみよう〜」

第7章　授業をつくる I

授業
全学自由研究ゼミナール／高度教養特殊演習
「SDGs を学べる授業をつくろう」
2023 年 4〜7 月

第 1 部：SDGs を学ぶ
第 1 回　　　　　ガイダンス
第 2 回〜第 4 回　SDGs 概説

第 2 部：SDGs を教える
第 5 回・第 6 回　　授業設計概説
第 7 回・第 8 回　　授業設計演習
第 9 回　　　　　　中間発表
第 10 回・第 11 回　授業設計演習
第 12 回　　　　　　最終発表
第 13 回　　　　　　ふりかえり

オンラインワークショップ準備
2023 年 8 月

授業案・資料の修正　授業の最終発表を踏まえて修正

模擬授業①　教員からコメント

授業案・資料の修正　模擬授業①を受けて修正

模擬授業②　教員・学生相互にコメント

授業案・資料の修正　模擬授業②を受けて修正

オンラインワークショップ
第 4 回東大生がつくる SDGs の授業
2023 年 9 月 3 日

・14:00〜14:30　趣旨説明
・14:30〜15:20　授業「SDGs in Japan〜企業にできることはなんだろう〜」
・15:20〜15:40　休憩
・15:40〜16:30　授業「SDGs マスターへの道〜"達成" に向けてできることを考えてみよう〜」
・16:30〜17:00　まとめ

図 4．授業からワークショップ当日までの流れ

実施された授業では、17 の目標を包括的に扱うものから、個別の目標に焦点を当てるもの、特定の国・主体に着目するものまで様々なテーマが扱われたが、いずれも高校生の学びを促すような工夫が施された授業であった。たとえば、2023 年度の「SDGs in Japan ～企業にできることはなんだろう～」では、参加者がそれぞれ考えた SDGs の達成に近づくために自分たちにできることをグループで話し合い、全体で共有した。また、「SDGs マスターへの道～"達成"に向けてできることを考えてみよう～」では、参加者の高校生が企業の一社員となった想定で、目標 12 ～ 15 にアプローチできるアイデアを考える学習活動を行った。

3. つくって学ぶことの効果・利点

　学生からすれば、つくって学ぶことには、どのような効果や利点があるのだろうか。アンケートの回答から検討してみたい。2021 年度の授業では、初回授業、SDGs 概説終了時、すべての授業終了時の 3 時点で、「SDGs について、どの程度知っていますか」という質問に回答してもらった（5: 知っている～1: 全く知らない の 5 件法）[5]。3 時点での回答を比較したところ、3 時点での回答に変化があることがわかった[6]。また、3 時点のどこで変化があるのかをみると、初回授業とすべての授業終了時であった。つまり、この授業では、SDGs 概説のみでは「SDGs について知っている」という学生の自己評価は初回授業と変わらず、授業設計を行うことで学生の「SDGs について知っている」という自己評価が高まったと考えられる。すなわち、授業案をつくることが SDGs についての理解を深めており、まさに「つくって学ぶ」ことができていた。

　また、2021 ～ 2023 年度の授業では、すべての授業終了時に「授業案作成が SDGs への理解を深めることに役立ったかどうか」について学生が考えを記述した。その記述を分析し[7]、「つくる」ことのどのような点が役立ったのかを分類した（表 1）。回答者 26 名全員が役立った旨を記述しており、その理由して「教える立場」に立つこと、扱う内容を「考える」こと、「視点を変える」こと、そして、「調べる」ことや授業で用いる「教

表1.「授業案作成がSDGsへの理解を深めることに役立ったかどうか」の記述のうち役立った点のカテゴリー

カテゴリー	該当数	記述例（原文ママ）
教える立場	4	・実際に教員の立場に立つことで、SDGsの要点に気づいた。 ・自分が授業をする立場になったことで、SDGsをもっともっと把握しなければ、という気持ちになり、改めてSDGsについて学んだことを振り返ったり、新たにいろいろ調べたりするようになりました。
考える	3	・自分達の目標についてさらに考えたり、目標間のつながりを意識することにつながりとても役に立った。 ・実際に自分の頭の中で体系的にSDGsのそれぞれの目標を整理できる授業設計演習がSDGsへの理解を深めることに大変役立った。
視点を変える	2	・受講者に興味を持ってもらうために、一般的に言われている考えだけでなく、独自の「うがった」見するようになった。その結果、SDGsの課題や限界性などに注目するようになり、マイナスの側面にも注意するようになれた。 ・調べてわかる知識ではない内容にしようと努めたので、その内容がそのまま知識や経験になった。
調べる	8	・授業づくりは、正確な情報に基づく必要があり、調べを進める中でSDGsそのものに対する学びを深めることができた。 ・授業内で使う具体例を調べる過程でより詳細な情報や周辺情報、自分がターゲットにした目標以外の目標との関係を知ることになった。
教材を作る	4	・授業の準備、特にジグソー法の資料づくりなどを通して、目標11について知識を得ることができた。 ・実際日本のSDGs達成に関する現状は自分でクイズを作ったりする中でかなり深まったし、これからももっと調べていきたいと思えたので、自分のSDGsに関する理解、興味を大いに発展させてくれる機会となった。
アウトプットする	7	・授業を作る上でSDGsの説明を簡単にする必要があり、そこで必要な要素を考える際に、SDGsの理解を個人的に深められたかなと思います。 ・授業を作るためには、自分で得た知識を体系的・構造的にアウトプットする必要があり、その中でSDGsの理解も自分の中で深まっていったように感じている。

材を作る」こと、「アウトプットする」ことが寄与していたことがわかる。つまり、授業案を作成する過程で、授業で扱う内容について考え調べた上で、口頭での説明やスライド資料などの教材を作ることを行い、その結果SDGsへの理解が深まった。一方で、扱った内容への理解は深まったものの、扱っていないSDGsに関する内容については必ずしも理解が深ま

ったわけではないという記述が見られた。「つくる」ことのプロセスそのものは理解に貢献するものの、扱う内容によっては理解が限定的という指摘である。SDGs はとても広いゆえ理解の範囲が限定的になりやすい。一方で、学生は授業案で扱った内容のエキスパートになったとも言えるであろう。

　一方、教員にとっての効果や利点はどうであろうか。学生がつくる授業案で用いられる手法やツールは、それまでの授業で扱ったものを採用するケースが見られる。授業案に組み入れられる学習活動は、それまでの授業を反映することがあり、間接的に教員自身の授業評価が行われるのは利点といえよう。ある年度では、それまでの授業で行ったジグソー法が学生の印象に残っており、授業案でもジグソー法を用いた学習活動を展開していた。学生が授業案をつくる際のお手本となる授業を行えていたことにもなるが、一方で学生が手法のみに焦点を当ててしまう懸念も生まれる。お手本となりうる授業を展開しつつも、その裏にある意図を伝えたり、授業案づくりの際に授業の目的・学習目標から教え方を考える点をより強調していく必要があるだろう。

　また、中間発表、最終発表、オンラインワークショップの準備での模擬授業は教員にとっても良い機会となる。学生の発表や模擬授業を見て改善点をコメントすることは、「どのように授業を行うと効果的か」を改めて考える機会となる。それを考える際に、自分が行った授業でうまくいった点やいかなかった点を振り返ることになり、気づきを得られる。

おわりに

　本章では、SDGs について高校生が効果的に学べる授業を設計してみることで、SDGs についての自分自身の学びを深めることを目指す授業「SDGs を学べる授業をつくろう」について紹介した。優秀な授業案を作成したグループは、高校生を対象に実際に授業することを目指してモチベーションを維持しつつ、「つくる」という過程を通じて SDGs への理解を深めることができた。つくることは理解を深めるための手段となっていたといえよう。

これまでの授業・ワークショップでは学生はオンライン授業を設計・実施してきたが、今後は対面授業を設計・実施してもらうことも検討している。パンデミックが終息へ向かうなか、対面で授業に参加したいという高校生のニーズも高まっているためである。オンライン授業と対面授業のそれぞれの特徴について学生が「つくって学ぶ」機会となれば、SDGs についてのみならず、授業設計の面でも大きな学習効果を期待できるのではないだろうか。

（注）
1)　本授業については、以前、中村長史・小原優貴・伊勢坊綾「SDGs を学べる授業をつくろう―学生による授業づくりの事例―」東京大学教養教育高度化機構アクティブラーニング部門編（2021）『東京大学のアクティブラーニング』（東京大学出版会）、伊勢坊綾・中澤明子・中村長史（2022）授業設計活動が学習内容に対する学生の認識に及ぼす影響、日本教育工学会 2022 年春季全国大会講演論文集 pp. 51-52 において紹介する機会があった。本章では、その後の授業改善を踏まえつつ、「つくって学ぶ」ことに焦点を当てて述べていく。
2)　大福帳とは、学生が授業をふりかえったり、学生と教員とがコミュニケーションをとったりする手法である。出席の促進や積極的な受講態度、信頼関係の形成、授業内容の理解と定着が図れる。例えば、授業回数分の記入欄があるカードを学生に配布し、学生がコメントを記入して提出、そこに教員が短い返事を書いて次回授業時に返却することを繰り返す。
3)　転記には、QUERY 関数、IMPORTRANGE 関数を用いた。
4)　中村・小原・伊勢坊、前掲書、pp. 121-122 で詳細な説明がある。
5)　伊勢坊・中澤・中村、前掲論文で報告している内容についてデータを再分析した結果を述べる。
6)　分析は、3 時点すべてで回答した 11 名のデータを用いて IBM SPSS ver. 29 で行った。初回授業の平均値は 3.36（$SD = 1.03$）、SDGs 概説終了時は 4.09（$SD = 0.30$）、すべての授業終了時は 4.64（$SD = 0.51$）であった。Friedman 検定を行ったところ有意であった（$\chi^2(2) = 11.09$, $p = 0.004$）。また、多重比較の結果、初回授業－SDGs 概説終了時は $p = 0.60$、初回授業－すべての授業終了時は $p = 0.01$、SDGs 概説終了時－すべての授業終了時は $p = 0.33$ で、初回授業－すべての授業終了時のみ有意であった。
7)　26 名（2021 年度 14 名、2022 年度 5 名、2023 年度 7 名）の記述のテキストデータを NVivo 14 で読み込み、文ごとにコーディングを行った。複数の内容を含む文はそれぞれのコードを付した。

第8章

授業をつくるII
——反転授業制作の事例

福山佑樹

はじめに

　本章では、早稲田大学人間科学部における授業「教育工学研究法」の事例を紹介する。この授業は、教育における問題の解決をプロジェクトベース学習（PBL）の形態で実施し、教育工学における課題設定・開発・実践・評価という一連の流れを体験的に習得させる授業である。この授業では受講生が何らかの教育プログラムを開発・実践・評価するということは毎学期共通しているが、具体的な各学期の制作内容に関しては各学期における担当教員が設定している。本章では反転授業制作を授業テーマとした2016年度秋学期、2019年度春学期開講授業について報告する[1]。これらの学期の授業におけるミッションは「反転授業を開発し、効果を検証すること」であった。

　反転授業とは、講義動画の視聴などの知識習得活動を宿題とし、授業時間ではディスカッション・問題演習など内容理解を深めるような応用活動をメインに行うという授業形態である。これまでの授業では授業時間に講義などの知識習得活動を行い、宿題として問題演習などの応用活動を行うといった形態が多かった。この授業形式は宿題と授業の役割を逆転させているために「反転授業（Flipped Classroom）」と呼ばれる[2]。

「教育工学研究法」において受講者は、授業設計と教材設計の基本や動画の編集方法を学びながら、作成する反転授業の対象や内容などを4〜5名程度のグループで検討し、10分程度の動画教材と30分程度の対面授業を設計して実践することを求められる。また授業設計と同時並行で、効果測定のためのアンケートの作成方法とその分析方法を学び、授業プログラムの開発・実践・評価までを全15回の授業（各回90分）において体験する[3]。

「教育工学研究法」は早稲田大学人間科学部における選択必修科目（2単位）である。受講生は在学中に「教育工学研究法」などの「〇〇（研究）法」から2科目を履修し単位取得する必要がある。授業は春・秋学期2クラスずつが開講され、受講者は例年20〜30名程度と比較的少人数のクラスである[4]。多くの受講生はこの授業の受講前に「教育工学」などの関連科目を受講した上で履修しており、ある程度の前提知識とモチベーションを持った受講生が多い[5]。しかし一部には選択必修の単位が必要という理由で前提知識のない状態で受講する受講生も混ざっており、教員は各受講生の状況把握やモチベーションのコントロールが求められる。また授業には1名ないし2名のTA（ティーチング・アシスタント）がおり、各グループの教材開発などのサポートを行う。

---

1. 何を誰に向けて何のためにつくるのか

1.1 作成物

受講生は授業において「科学に基づいた教材開発を専門とするベンチャー企業の社員」という架空の設定を与えられ、「顧客にモデルケースとして提案できる反転授業を活用した新しい教育方法・教育コンテンツを開発」することを求められる。受講生はグループで自由な授業テーマと対象の学齢を設定した上で、①10分程度の講義動画、②30分程度の対面授業、③授業の効果測定のためのアンケートの3つを作成し、これらを用いた授業実践を行う。本授業では、「教育工学における課題設定・開発・実践・評価という一連の流れを体験的に習得させる」という目標が設定されているため、1つ1つは拙くともこれら3つ全てを作成・実践した上で、

その成果を最終レポートにまとめることを受講生に求めた。本授業では
「授業を行う対象は自由」としたため、小学生から一般（大人）向けまで
バリエーションに富んだ授業が制作された。ただし授業の都合上、小学生
を対象とした授業であっても実践を実際に行う対象はクラスメイト（大学
生）としている。

1.2 目的

前述した通り「教育工学における課題設定・開発・実践・評価という一
連の流れを体験的に習得させる」ことを授業全体の目的とした。教育工学
とは、「教育改善のための理論、方法、環境設定に関する研究開発を行い、
実践に貢献する学際的な研究分野であり、教育の効果あるいは効率を高め
るための様々な工夫を具体的に実現し、成果を上げる技術を開発し、体現
する学である」と定義されている[6]。

教育工学研究の中には観察研究や調査研究なども含まれるが、「教育工
学研究法」では開発研究に焦点化し、グループでの共同研究形式で課題設
定・開発・実践・評価という一連の流れを体験させることを目指した。

具体的には下記の3つの到達目標を設けた。(1)に関しては各グループ
の成果物（グループが開発した動画教材と授業実践の内容）で評価を行った。
(2)に関しては、後述する合同発表会における各グループの発表内容と質
疑への対応と、個人で執筆する最終レポートの内容で評価を行った。(3)
に関してはグループ内の相互評価[7]や各授業回で記述する大福帳[8]の内
容などを参考に評価を行った。

---

(1) 課題を設定し、設定した課題に沿ったコンテンツのデザインや作成
　　をすることができる
(2) データを収集・分析し、成果をわかりやすく発表することができる
(3) グループ活動に積極的に参加し、課題を遂行することができる

---

2. どのようにつくるのか

2.1 作成の手順

授業は、第1回のガイダンスの後、「課題設定（第2～4回）」、「授業設計（第5～10回）」、「評価・発表（第11～15回）」の三部構成で進めた（図1）。受講者は第1回授業で実施する受講者アンケートにおいて、個人が持つスキルや興味関心を記入した。担当教員は記入された受講者アンケートを参考に1グループ4～5人のグループを編成し、第2回以降の授業では全て同じメンバーでグループワークを行った。

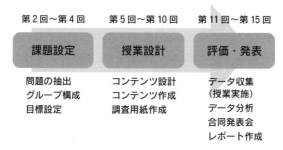

図1. 授業の構成

まず第2回～第4回の「課題設定」について説明する。受講生は第2回授業において「反転授業について反転授業を通じて学ぶ」ことを目標とした活動を行った。この授業では、まず宿題として、反転授業に関する講義動画を視聴してその特徴をA4用紙1枚程度で各自でまとめることを求めた。授業時間では各自がまとめた反転授業の特徴について各グループで報告した上で、その整理のためのディスカッションを行うという活動を通じて、反転授業についての理解を得ることを目指した。第3・4回授業においては、反転授業の特徴を踏まえた上で「反転授業を行うことで解決できそうな教育における問題点」を各グループで整理・検討し、グループで行う授業に関してテーマと授業全体の目標を定めた。教員・TAはグループが検討している案について、6回分（第5～10回）の授業で作成・実践が可能かというフィージビリティの観点も踏まえながら適宜アドバイスを行った。

スケジュール

経過時間	所要時間	構成	トピック	内容詳細	方法	手順、留意点など	準備物（資料物）

図2. 対面授業設計のワークシートの一部

　次に第5回〜第10回の「授業設計」について説明する。第5回の授業において受講生は実施する反転授業に関する「授業全体の目標」を「講義動画の目標」と「対面授業の目標」に細分化してワークシート上に記入した。第6回授業においては予習動画の作成方法について、動画作成ソフトウェアである iMovie を使用して「教員の用意したサンプル素材を用いて10秒程度のプロモーションビデオを作成し、YouTube に限定公開でアップロードする」という課題を通じて学習した[9]。授業実践では最終的に「講義動画コンテンツ」、「対面授業の必要物（授業スライドなど）」、「評価アンケート」の3つを用意することが必要となる。これらを第11回授業までに作成するために、第7回以降の授業では冒頭に「対面授業の設計法」、「アンケートの設計法」などに関する簡単な講義を行い、その後はグループワークの時間として各グループで役割分担をしながら上記3点の作成を実施した。受講生がスムーズに作成を行えるように、講義動画については動画の流れを大まかに記すための「絵コンテワークシート」を、対面授業については授業の展開を記述していくための「クラスデザインワークシート」（図2）を用意した。対面授業の形式については教員からは特に指定を設けなかった。しかし、ほとんどのグループは第2回授業で体験した反転授業を参考に、講義動画の復習を短く行った上で内容を深めるためのグループディスカッションなどの活動を行う、という形式で設計を行っていた。教員・TA のサポート体制としては、講義動画に関しては動画作成ソフトウェアの操作方法なども含めて TA が中心に支援を行い、対面授業と評価に関しては教員が中心に支援を行った。

　最後に第11回〜第15回の「評価・発表」について説明する。第11・12回の授業時間において受講生はグループごとに反転授業の実践を行った。実践は、グループの講義動画の視聴とアンケートへの回答を宿題とし

た上で、各グループに 35 分間の枠を設けて実施した（アンケート実施時間
も含む）。1 回の授業あたり 2 つのグループの実践を行ったが、2016 年秋
学期、2019 年度春学期はそれぞれ 3 グループであったため、第 12 回授業
の前半までに実践を終えて、後半ではアンケートの集計・分析と研究発表
の方法に関する講義を行った。各学期においてグループが行った反転授業
実践については「作成物の活用」の項で述べる。第 13 回授業では講義と
して、統計ソフトを用いたアンケート分析法の復習[10] に加えて、合同発
表会と最終レポートの内容に関する確認を行った。その後、授業の残り時
間で合同発表会に向けた準備作業を各グループで進めた。第 14・15 回授
業は同じ学期に開講されている他クラスとの合同発表会として、土曜日に
2 コマ連続で実施した。各グループは発表時間 8 分で、①チーム名と研究
目的、②目的を達成するための工夫（作成した教材・教育方法の紹介、動画
の工夫／対面授業の工夫）、③実験計画（授業実践の手順）、④質問紙の構成、
⑤分析結果、⑥考察の 6 点についての発表を行った。各グループの発表
後には他クラス担当の教員・TA から 3 分間の質疑応答を行った。発表以
外のグループはコメントシートにそれぞれのグループの発表に対して「評
価できる点」と「疑問点・改善点」を記入して提出した。

2.2 作成物の活用

　本授業では、「教育工学における課題設定・開発・実践・評価という一
連の流れを体験的に習得させる」ことが目的であったため、前述した通り
全ての受講生（グループ）が実際に反転授業を実践し、評価までを行った。
この点では、全ての受講生が作成物を活用した実践を行ったといえる。グ
ループが実践した授業例には下記のようなものがあったが、本項では特に
2 つの実践についてその概要を説明する。

・日本と貧困問題について考える

・文系学生が微分・積分を楽しく学ぶ

・SNS とプライバシーの問題を考える

・再生可能エネルギーについて考える

・効果的な中学における英会話の授業を実践する

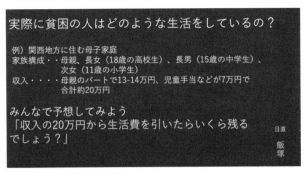

図3. 受講生が作成した動画の例

　「日本と貧困問題」のグループは講義動画として、「絶対的貧困と相対的貧困の違い」や「日本における相対的貧困家庭の実際の暮らし」などを解説する動画を作成した（図3）。対面授業においては、①様々な国の相対的貧困家庭についてグループごとに異なるケースを与えて検討させた上でクラス全体にシェアする活動、②「我々は貧困家庭にどのような支援を行うことができるのか」ということに関するグループごとのディスカッションの2つの活動を実施していた。またアンケートでは貧困問題に関する興味・感心や、貧困家庭に対する支援策への理解度などを尋ねていた。

　「文系学生が微分・積分を楽しく学ぶ」のグループは、対面授業で「ナブラ演算子ゲーム」[11]というゲームを実施することを決めて、そのために必要な予習動画を設計するという発想で進めた。講義動画としては、ゲームで必要になる「微分・積分の簡単な説明を行う動画」と、「ゲームのルール説明と例示としてゲームプレイを行う動画」の2本を作成していた。対面授業では「ゲームルールの復習」を行った上で、グループメンバーがサポートに入りながら実際に「ナブラ演算子ゲーム」を簡略化したゲームをグループごとにプレイするという活動を行った。評価としては、ゲームで扱うレベルの微分・積分の問題が実際に解けるかという事前・事後のテストを実施したほか、ゲームによって数学の勉強についてのイメージ（楽しさなど）が変化したかを尋ねていた。

2.3 改善活動

　授業では序盤でトライ＆エラーの大切さを教えており、グループでは随時改善活動をそれぞれで行いながら作成を進めていた。しかし、「教育工学研究法」は授業時間に対して学習内容が多く、まとまった改善活動の時間を授業内に取ることは難しかった。このため合同発表会とその後の最終レポートを改善活動と位置づけて、受講生は今後の改善案を検討した。

　前述した通り合同発表会で各グループは、自グループの発表時には教員・TAからのフィードバックを受け、質疑に対応した。また他のグループの発表時には、コメントシートに「評価できる点」と「疑問点／改善点」を記入する活動を行った。各グループに対するコメントは発表会が終わるまでにTAが集約して返却した。例えば「日本と貧困問題」へのフィードバックとしては、評価できる点として「対面授業でグループごとに異なる国の事例を扱っており、多くの国について知ることができる」などのコメントがあった。一方で疑問点／改善点としては、「統計的な分析のみで（質的な）解釈が無いので効果を述べられても『へぇー』という印象だけしか受けなかった」などがあった。

　また最終レポートにおいては各自の実践・研究に対する「今後の課題」を記すように指示しており、多くのグループでは合同発表会で得たフィードバックやコメントを参考に、実践や研究方法の改善点について記入していた。「文系学生が微分・積分を楽しく学ぶ」のグループに所属していた受講生のレポートでは、今後の課題として「数学に関する動画を作る際の課題点として、どうしても情報量が増えすぎることがあげられる。(中略)このことから、一度履修した内容の復習としては授業形式の動画は見直しができるなどの利点が生まれるが、初めて履修する内容に関しては対面での講義を行うほうが効果的であると考えた。そのためゲームを使った反転学習を行う際には事前課題の内容の再考が必要である」といった内容を考察していた。これはゲームで扱う数学的要素の中には多くの文系学生が高校段階で履修していない数学Ⅲ・Cに含まれる内容があり、受講生の中には講義動画ではじめて触れる数学的要素があったため講義動画だけでは十分な理解を得ることができなかった者がいたことを改善点としてあげた事例である。

このように「教育工学研究法」の授業では、反転授業の作成中に反転授業の改善活動を行うことはできなかったが、受講生は合同発表会と最終レポートの執筆を通じて、改善案をある程度検討することができたと考えられる。

3. つくって学ぶことの効果・利点

「教育工学研究法」におけるつくって学ぶことの効果や利点について検討する。授業において反転授業を作成し、実践した最大のメリットは「教育工学研究」への体験的な理解の促進があると考えられる。本授業の目的は「教育工学における課題設定・開発・実践・評価という一連の流れを体験的に習得させる」ことであった。「教育工学研究法」では直接的に授業の効果を測るようなアンケート等は実施していなかったが、最終レポートにおいて「『教育工学研究』とはどのようなものであるか、授業での具体例や自身が感じたことを挙げながら 800 字程度で記述しなさい」という設問を毎学期出題していた。この課題への受講生の回答の一部を 2 つ抜粋する。回答は一部を略したほか、読みやすいように筆者が誤字などを修正して整文している。

　私の考える教育工学研究とは、学習者が主体となり、いかに効率よく能動的に学べる環境を作れるかを考えるものである。このように考える理由は、学習者が主体となって取り組むことで能動的に学べ、理解が深まると考えるからである。反転授業を行った際、私たちの授業ではグループワークを行った。（中略）SNS におけるプライバシー問題の改善案についてグループごとに提案してもらうという、学習者が主体となって考える活動によって具体的な改善案が多く挙げられ、（アンケートの）分析結果からこの問題を改善しなければという意識が向上したこともわかった。その結果から、主体的に学べる場を設けることは学習者の理解しやすさ、理解の深まりにつながると考えた。（後略）（受講生 A）

　教育工学とは、その時代にあった新しい学びを新しい技術や理論を

もって「学習者中心」でつくっていくことで、新しい技術を教育に生かすための研究や実践をしていく学問であると考える。(中略) その理由は、本講義での一連の活動にある。新しい技術や教育の理論についてこれまで（他の授業で）学んできたが、今回が初めてそれを自分たちで考え、授業実践を行った。その中で、頭の中で自分たちが思い描いた進行や理論通りに行かないことも多く、実際に授業を行う際の難しさや理論と実践における様々なずれを実感した。(後略) (受講生 B)

　このように受講生は自分たちが授業内で行った、つくって学ぶ活動に基づいて「教育工学研究とはどのようなものであるか」を検討していた。受講生Aの記述に代表されるように、多くの受講生は自身が行った実践とその効果を通じて、「学習者が主体となり、いかに効率よく能動的に学べる環境を作れるかを考えるもの」のように自分なりの教育工学研究のイメージを確立していた。「反転授業」、「ゲーム教材」などその学期に作成する教材の内容によって気づきの内容は異なるものの、つくって学ぶ活動によって教育工学研究へのイメージが明確化されるという効果は共通していると考えられる。

　また受講生Bのように多くの受講生は「教育工学研究法」の履修前に講義型授業である「教育工学」などの関連授業を履修しており、「新しい技術」や「教育の理論」についてこれまで学んできていた。しかし受講生Bは、「教育工学研究法」の受講を通じて授業実践を行うことで、実践を行う際に生じる「理論と実践における様々なずれ」を体験したことを指摘している。このような理論と実践の間に生じる矛盾は、実際に授業実践を行わなければ理解することは困難である。このように受講生の中には、教育工学研究について深い考察を行った者も存在していた。

おわりに

　本章では早稲田大学人間科学部の「教育工学研究法」における「反転授業を開発し、効果を検証する」という授業実践について報告した。本授業では受講生が4〜5名程度のグループに分かれ、10分程度の講義動画と

30分程度の対面授業をグループで設計して実践することを通じて、教育工学研究における課題設定・開発・実践・評価という一連の流れを体験的に習得することを目指した。

　本実践の特に重要な点は、受講生が実際に授業をつくって学ぶことを通じて、教育工学研究への体験的な理解を促進できたことである。受講生は反転授業の設計・実践・評価を行うことで、教育工学研究に対する自分なりの見解を作成し、また理論と実践の間に生じる矛盾などを体験的に学んでいた。これは講義型の授業だけでは得られない、教育工学研究への深い理解を促したものであると考えられる。経営学の分野ではリアリティ・ショックという言葉があり、「入社前に形成された期待やイメージが、入社後の現実と異なっていた場合に生じる心理現象で、新入社員の組織コミットメントや組織社会化にネガティブな影響を与えるもの」として説明されている[12]。ゼミナールに配属される際にも、配属前に講義型の授業を受講するだけで、ゼミナール配属後に想定されるような研究や実践を自身で実際に行ったことがなければ、配属前に形成された「期待やイメージ」と現実の乖離によってリアリティ・ショックが起こることも想定される。ゼミナール配属前に実際の教育工学研究を体験できる「教育工学研究法」は、リアリティ・ショックを減らす効果を持つ可能性もある。

　今後の展望としては、受講生が実際に教材や授業を開発することで、実践から学ぶという本授業の授業デザインのエッセンスを活かしつつ、さらなる展開を図ることが期待される。例えば、受講生が開発する授業や教材を実際の大学の授業で活用できるようなものに限定して開発を行い、教員がリアリティのある実践先を用意することで、より実践的な学びに発展させることができる可能性があるだろう。

(注)
1) 筆者はこの授業を2015年度から19年度まで断続的に担当していたが、その他の学期の教育工学研究では、「反転授業」のほかに「ゲーム教材」や「動画教材」の作成がミッションになっていた。
2) 筆者が2024年現在関西学院大学で開講している「リポート執筆の基礎」も反転授業形式で実施している。例えば、受講生は「引用と参考文献の書き方」に関する講義動画を宿題として視聴し、授業時間では講義動画の内容を踏まえて「指定された資料を授業指定の形式で参考文献欄に執筆する」というワークなど実際に手を動かすよう

な活動に従事する。反転授業についてより詳しく知りたい方は　バーグマン，J.・サムズ，A. 上原裕美子（訳）山内祐平，大浦弘樹（監修）(2014) 反転授業. オデッセイコミュニケーションズ　などを参照されたい。

3)　早稲田大学は本書を執筆している 2024 年現在では 100 分×14 回授業で実施されているが、本章で紹介している 2016 年度と 2019 年度においては 90 分×15 回授業であった。また教育工学研究法も 2024 年現在では 2 コマ連続の 100 分授業を 7 週間で受講する形式（クォーター制）に変更されている。以下、必要な情報には注を施すが、本文中における早稲田大学に関する情報は基本的に 2019 年度のものである。

4)　2023 年度では春学期 2 クラス、秋学期 1 クラスに変更されている。

5)　早稲田大学人間科学部では 2 年次の秋学期にゼミ選択があり、ゼミを志望する際には各ゼミの定める「履修しておくことが望ましい科目」の単位を取得しておくことが推奨される（2023 年時点）。このため「教育工学研究法」は教育工学をはじめとする教育関係のゼミを志望する学生が 1 年秋・2 年春に受講することが多い。

6)　坂元昂，永野和男 (2012) 教育工学の歴史と研究対象. 日本教育工学会（監修）教育工学選書 1 教育工学とはどんな学問か. ミネルヴァ書房，pp. 1-28

7)　授業の性質上時間外にも各グループで作業を進める必要があるため、初回授業で予告した上で相互評価をフリーライダーの防止を目的として学期末に実施している。相互評価は他のメンバーに知られずに教員のみに評価を送信する形で、「自分以外のグループメンバーそれぞれのグループに対する貢献度について、その理由を述べた上で 10 点満点で評定すること」という形式である。

8)　大福帳に関しては 7 章の注 2 を参照されたい。

9)　早稲田大学人間科学部では MacBook Air が指定 PC として定められていたため、標準で搭載されている動画作成ソフトウェアである iMovie を用いてあらかじめ動画作成を行い、YouTube に限定公開でアップロードするという形式を採用した。多くのグループは基本的には説明のスライドを作成し、そこにナレーションを吹き込むという形式で作成していたが、中には人形劇を活用するなど斬新な発想で動画の作成を行ったグループもみられた。

10)　早稲田大学人間科学部では 1 年次に統計に関する知識を学び、ソフトウェアを用いて統計分析を行う「データリテラシー I・II」という授業が必修となっていたため、受講生は簡単な統計分析は実行可能であるという前提で授業を進めることができた。

11)　「ナブラ演算子ゲーム」とは東京大学の学生が考案したゲームであり、微分・積分・極限の知識を利用し、基底を微分して相手を 0 次元にすることを目指すゲームである。「文系学生が微分・積分を楽しく学ぶ」のグループは「極限」の要素を除いた形にゲームをカスタマイズして実践していた。詳細は以下の WEB サイトを参照されたい。https://nablagame.com/

12)　尾形真実哉 (2012) リアリティ・ショックが若年就業者の組織適応に与える影響の実証研究―若年ホワイトカラーと若年看護師の比較分析―. 組織科学，45(3)，pp. 49-66

第9章

ワークショップをつくる

町支大祐

はじめに

　本章では、帝京大学教育学部における授業「アクティブラーニング特論」の事例を紹介する。この授業は主に学部の3・4年生が履修している。筆者が担当し始めたのは2019年度からであるが、毎年10名前後の学生が履修している。履修者の殆どは小学校または中学校の教員志望であり、将来的に学校においてアクティブラーニングを促す授業実践を行っていくことを視野に入れている。

　授業は半期の授業×2（前期「アクティブラーニング特論Ⅰ」、後期「アクティブラーニング特論Ⅱ」）となっており、通年科目ではないものの、シラバス等には前後期セットで履修することを推奨する旨を記載しており、実際、多くの学生がⅠとⅡを続けてとっている。実質的には通年科目に近いものとなっている。

　この授業では、学生が一年をかけてアクティブラーニングについて学んでいき、最終的には、履修者全員でアクティブラーニングの要素を含む一つのワークショップをつくり、実際に一般の参加者を募り、実践するという取り組みを行っている。本章では、このワークショップをつくるという授業について、報告する。

1. 何を誰に向けて何のためにつくるのか

1.1 作成物

この授業は、一般の参加者をつのり、その参加者向けにワークショップを実施することをゴールとしている。つまり、作成物の中心となるのはワークショップそのものであり、その展開案や進行のためのスライド、教材なども含まれる。年度によってはグループ単位で複数企画することもあったが、基本的には、履修者全体（10 名程度）で一つのワークショップをつくる形をとっている。

ワークショップの広報は、イベント告知サイトなども用いながら広く行うため、参加者の層は幅広いものとなっている。現職の小中学校教員や大学院生、他大学の学生、そして、履修者の知り合い等である。この告知や広報なども学生自身が行うため、その計画や、具体物で言えばフライヤーやサイトなども作成物のひとつであると言える。

1.2 目的

本授業は、「アクティブラーニング特論」という名前からも分かる通り、履修者自身がアクティブラーニングを促す授業ができるようになることを目指している[1]。この目的のために、実際にアクティブラーニングを促すワークショップをつくり、実施していくことを課しているのは、アクティブラーニングを実現するための様々なポイントについて、実践的に、そして統合的に学ぶためである。履修者のほとんどは教員を目指し、教職課程をとっており、教科教育法等の授業で模擬授業をすでに行った経験がある。その際、グループワークなどを授業に組み込んでみたものの、なんとなく"しっくりこなかった"経験を持っている。模擬授業の様子をうかがってみると、シンプルに何かについての感想や意見をグループ内で述べるような時間を入れ、それを「アクティブラーニング」と捉えているケースが多い。

しかし、実際にアクティブラーニングを促すには、例えば、ワークや対話に入る前に学習者のレディネス[2]を高めたり、動機が高まるような仕掛けをしたり、問いや対話の仕方を工夫したり、ファシリテーターとしてワ

ークの流れに介入したり、といったことが必要である。また、実践の中身
だけでなく、その環境をいかにつくるか、学習者のコミュニティーをどう
つくるか、といったところも関係する。これらのポイントが有機的につな
がりながら機能していることを理解し実感することが必要だと思われる。
そのためには、言葉や文章で伝えることでは事足らず、実際につくり、実
践し、そしてそれを振り返ることを通じて学ぶことが必要と考える。

2. どのようにつくるのか

2.1 作成の手順 [3]

　前述した通り、本授業は（厳密には半期授業×2であるが）通年授業に近
い運用となっている。本格的に作成に入るのは後期であるが、その前段階
としての前期の取り組みについても紹介する。前期は、履修者同士がコミ
ュニティーになることや、実践を改善することの楽しさやパワフルさを実
感することを重視しており、後期の「つくる」段階の前の下地づくりとし
て捉えているからである。

2.1.1 関係性づくり

　前期にまず行うのは履修者同士の関係性づくりを意図したワークである。
ここでは教員（筆者）がファシリテーションを行った。初回には、偏愛マ
ップ [4] を活用した自己紹介、2回目にはペーパータワーチャレンジを行っ
た。偏愛マップは、自分の好きなものを列挙したリストをもとに自己紹介
するものであり、他者との共通の趣味の発見を助け、それをもとに会話が
弾むことを期待するものである。ペーパータワーチャレンジは、紙3枚
だけを使って、できるだけ高くタワーをたてるワークである。

　関係性を重視する背景には、ワークショップをつくり、実践していくこ
とのハードルの高さがある。特に、実際に社会に広く参加者をつのり、ワ
ークショップを実践していくことは、学生にとっては未経験であり、緊張
感の高まるものである。つくっていく段階においても、（もちろん、教員は
それが過度にならないようにやわらげるものの、それでも）その状況を想像し
一定の心理的な負荷がかかる。一生懸命考えるがゆえに、履修者間の考え

方の違いや、モチベーションの凹凸などもあって、関係性に綻びが出そうになることもある。そうしたことを乗り越えられるコミュニティーになるために、前期の最初から関係性づくりを重視している。

また、それぞれの回ともに、ワーク後に改善の議論を行っている。偏愛マップについては「参加者が、よりお互いの関係性が築けるようにするには、何をどう変えればよいか」、ペーパータワーについては「参加者が、よりこの取り組みにのめり込めるようにするには、このワークをどのように変えればよいか」という問いについて考えた。そのうえで、出たアイデアを実際にやってみる、という取り組みも行った。前述の通り、ワークそのものは関係性の構築を重視したものであるが、同時に、ワークを改善することで効果が変わること、すなわち、手法等を改変することによって学習者のワークに対するのめり込みの度合いが異なってくること等も実感できるよう、こうした議論と実践を行った。

2.1.2 理論の理解

次に行うのは、理論の理解のためのワークである。最初に、曜日計算のワークを実施した（図1）。このワークは、もともとはスキーマ[5]に関するワークであるが、フロー[6]を感じることを目的に次のように行った。最初に例題（ex. 水曜＋木曜＝金曜）を2題示し、曜日計算の基本的な考え方（月曜＝1、火曜＝2のように曜日を数字に変換し、計算し、結果を改めて曜日にする）を伝えた。次に、15問の計算に時間を計測しつつチャレンジさせた。最も早く計算を完遂した者がかかった時間や、最も時間のかかった者のタイムを考慮し、その中間程度を目標タイムとして設定した。15問の計算にチャレンジする機会が残り2回あることと、全員がその目標タイムで完遂できるよう、計算の工夫を編み出したり、共有したり、履修者間で学びあうことを指示した。そのうえで、その学びあいの進行や、チャレンジするタイミングは、学生に任せ、教員は見守った。そこまでの関係性づくりの効果もあり、また、適度な目標タイムを設定することによって、学生らはこのワークにのめり込んでいった。

3回のチャレンジ終了後、自分たちの様子を振り返り、「なぜ自分たちはこのワークにのめり込んだのか」を話しあうよう促した。そのうえで、

```
曜日計算問題①
月曜＋水曜＝          金曜＋水曜＝
火曜＋火曜＝          月曜＋土曜＝
月曜＋火曜＝          金曜＋月曜＝
金曜＋水曜＝          水曜＋火曜＝
日曜＋水曜＝          火曜＋木曜＝
水曜＋金曜＝          日曜＋火曜＝
木曜＋月曜＝          水曜＋木曜＝
水曜＋水曜＝
```

図1. 曜日計算の問題

フローの理論や、動機づけに関する ARCS モデル[7] について解説した。例えば、フロー理論については上記の曜日計算ワークにおける目標タイムの設定と紐づけて説明した。振り返りを行うと、大抵の場合、丁度できそうでできない、工夫を重ねることでなんとか達成できそうな時間に目標が設定されていたことが、みんながのめり込めた一つの鍵になったのではないか、といったコメントが出ることが多い。それをきっかけに、スキルと課題難易度との高いレベルでの合致について話をし、フロー理論についての解説につなげた。

同様に、体験をもとに建設的相互作用[8] について理解する機会として、ジグソー法に取り組んだ。アクティブラーニングについての3つの資料を用い、自分なりのアクティブラーニングについての定義を行うという取り組みを行った（ここでは詳細は割愛する）。このワークの後に、ジグソー法や建設的相互作用について解説した。

フローや ARCS モデル、建設的相互作用といった理論は、それそのものも重要であるが、その後の（実際に自分たちでつくっていくものを含め）ワークをとらえる視点を得る意味でも重視した。すなわち、①「高い動機で取り組めているか」、②「のめり込むことができているか」、③「気づきがあるか」という3点を評価の視点とし、これらにもとづき、ワークを企画したり、改善したりした。

2.1.3 学習者体験とワークの改善

上記の曜日計算やジグソー法を行うのは、別の意味もある。それは、学

習者としてワークに参加することである。多くの学生は、教職課程に属している としても、本格的にアクティブラーニングに浸った経験は乏しい。高校や大学でも、感想を対話するような機会は経験しているが、逆に言うとその程度にとどまっている。そうした貧困なイメージが、前述した模擬授業での、「対話」や「ワーク」の簡素さにつながっていると思われる。そこで、履修者自身が、まずは学習者としてワークに参加し、アクティブラーニングのイメージを実感できることが、より質の高いワークショップをつくるうえで重要と考えた。曜日計算やジグソー法に加え、雑誌記事をもとにしたQFT[9]の「問いづくりワークショップ」や、タブレットのカメラ機能を用いてことわざを表現する写真を撮りクイズをつくる「カメラワークショップ」、ホワイトボードアプリを用いた「KJ法[10]ワーク」などを行った。

　加えて、それぞれのワークについて、体験するだけでなくそれを振り返ってワークの改善を試みる活動も、ともに行った（なお、曜日計算やジグソー法は「理論の理解」のため、理論を解説する時間を要しており、時間の関係から改善ワークは行っていない）。例えば、KJ法のワークでは、まずはシンプルに「教師という仕事の魅力は何か」というお題で実践を行った。各々が付箋に書き、それを一つのシートに持ち寄り、対話しながら類似するものを近くに寄せるなどの整理を行うという取り組みである。振り返りの際には、この形で行うと付箋を貼った後の整理の作業は、一人か二人が主導し、それ以外の人は見ているだけになってしまいがちであるという指摘があった。そこで、どのように改善するか話し合い、次のような取り組みにすることにした。付箋を貼った後は、シートそのものをコピーし、同じ付箋が貼ってあるシートを、それぞれ別の人が個人作業で整理を行った。そのうえで、どのような枠組みで整理を行ったのか、なぜそうしたのか、といったことを比較する対話を行った（図2）。この方が各個人が教師をどのように捉えているのか、その違いが表れやすく、「気づきが生じやすい」のではないか、という意見をふまえてこの改編を行った。実際体験してみたところ、想定した効果が得られているとの感想を持ったようであった。

　それぞれのワークにおいてこうした改善の議論を重ねた。例年、こうした改善の経験をつみ重ねることで、学生らは少しずつ自信を得ているよう

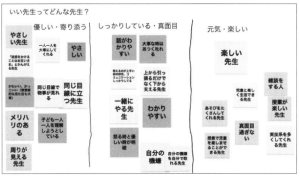

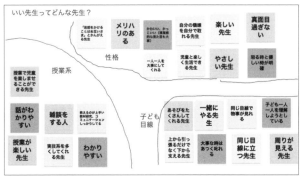

図2. 改善後のKJ法の取り組み

に見える。小さい変更であっても、改善にトライし、実際により良いワークが実現することを通じて、自分たちでもワークがつくれるという実感が少しずつ得られているのではないか。なお、こうした議論のサポートになるよう、教員からも折に触れて「問いにこだわることの重要性」、「目的やゴールを意識しながら考えること」、「環境が与える影響の大きさ」等についての解説も行っている。

2.1.4 小さなワークをつくる

前期の最後は、3〜4人のグループに分かれ小さなワークをつくるという取り組みをした。ここまでは、学習者としてワークを体験したり、既存のワークを改善し実施することを中心に行っている一方、後期にはゼロからワークショップをつくるという取り組みを行う。そのつなぎとして、前期の最後に小さなワークをつくる体験を取り入れた。

お題は、履修者の動機が高まることを意識し、「自分の好きなものを他の人にも好きになってもらうワーク」とした。このお題のもと、各グループが15分程度のワークとプレゼンを企画し、実施した。15分という制限を行ったのは、最初から大きなワークを企画し、失敗をして、モチベーションが下がることを防ぐ意味合いもある。これまでも述べてきた通り、学生にとっては、教科書や副教材が用意され、指導案も既存のものが豊富にある状況の中で模擬授業をする体験はしているが、自分のアイデアで1からワークをつくることには耐性がない。いきなり大掛かりな取り組みをすることよりも、小さく、派手でなくても、「自らつくること」を着実に行えるサイズで実施した。そのうえで、それぞれのワークについて、「のめり込めたか」、「気づきがあったか」という視点から互いにピア評価を行い、フィードバックを行った。

　この時点で、それまでの取り組みの成果が一部表れていた。例えば、自分が好きなキャラクターのコスプレをしつつプレゼンやワークのファシリテーションを行う者もいた。「環境が与える影響」や「ARCSモデル」のA注意喚起を意識したものと思われる。

　前期の取り組みは以上である。ここまでの流れをおおまかに整理すると、図3のようになる。

図3. 全体の流れ

2.1.5　大きくつくる

　後期に入り、いよいよワークづくりそのものに取り組む。

①過去の事例の紹介

　後期の1回目の授業では、後期を通じて大きなワークショップを企画し、

一般の参加者をつのり、実施していくことについて改めて確認するとともに、過去の事例の紹介を行った。動画や画像を用い、ワークの展開や様子などを伝えた。本番のワークショップのイメージを持ってもらうのが狙いである。

②テーマと問いの設定

後期の最初の3分の1は、テーマ設定に取り組む。

まず最初は、ざっくりとその時点で興味を持っている事柄やテーマについて、キーワードレベルで書いていき、それぞれの考えを共有した。同時に、参加者像も検討した。つまり、各キーワードでワークショップをするとしたら、どのような層がターゲットとなるのか（「ICT入門」なら教職課程の学生、等）を考え、そのうえでどのような人たちに来てもらいたいか、ということとセットでテーマを検討した。

3回目の授業では、教員から図4の「基本構造図」を提示した。実際のワークショップの様子を少し想像しながら、よりリアルにテーマや問いを考える必要があると判断したからである。例えばこの構造図にのっとって実施するのであれば、2番のワーク、3番のワークの問いは具体的にどのようになるのか、を各テーマについて考えた。

4回目には、「635法」の手法を用いて、いったん、テーマの可能性を

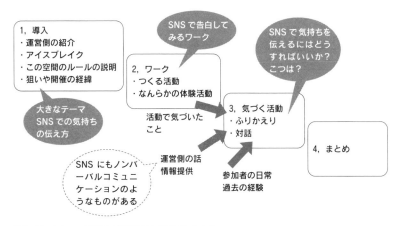

図4．ワークショップの基本構造図として提示したもの

お題			
	A	B	C
1			
2			
3			
4			
5			
6			

図5. 635法に用いるシート

お題	「新しい野球」		
	A	B	C
1	四角いボール	5人	ラケットで打つ
2	サイコロ風	全員野球	しゃもじ
3			
4			
5			
6			

図6. 1つ前のアイデアを発展させたものを3つ出す("新しい野球"の例。ここが"ワークのテーマ"になる)

広げることにした。635法は、アイデアソンなどで用いられるアイデア発散の手法である。簡単に説明すると、参加者が輪になり、それぞれが図5のような用紙にお題に関わるアイデアを書く。3分経ったら紙を左隣の人に回す。自分自身は、右隣の人から新たな表をうけとることになる。受け取った者は、新たな1行に、上の行に書かれたアイデアから発想した新たなアイデアを書き加えていく。その際、そのアイデアの実現可能性はそれほど気にせずに自由に発想したものを書き加えていく(図6)。

この手法にのっとり、テーマの案を数多く捻り出す活動を行った。

3つのテーマのアイデアを書くことを1ターンとすると、10人でやった場合、10ターン行うと手元に自分の紙が戻ってくる。そこには、3×10で30のテーマ案が書かれている状態である。それが10人分、つまり10枚あるので、テーマの案が全部で300できたことになる。

5回目では、それらの300のアイデアから、まずは一人3ずつ候補を選定し、どんな思いで選んだかという理由とともにシェアし、その後、ピックアップされた30(=1人3つ×10人)前後の中から、一つを選んでいった。

③具体的な展開の検討

　中盤の６〜８回目は、主にワークの具体的な展開を考え、スライド等を作成するグループと、広報活動等について検討するグループとに分かれた。

　ここでは前者について説明する。②で決めたテーマについて考えるため、改めて図４の構造図を参考に、２つのワークに落とし込んでいく活動を行った。ここでは、アイデアを出しては修正したり取り下げたりということを繰り返していった。その際に用いたのが図７の工程表である。それぞれのワークについて、学習者（参加者）の感情や思考の状態を想定するために用いた。ワークや問いの具体的アイデアが出るたびに、この表の「活動」の側に記入し、それらを経て学習者の感情や思考の状態がどのように変遷していくか、を可能な限り想定し、表の右の側、「参加者の状態」の欄に記入していった。

　こうした想定の必要性については、前期の「改善」の取り組みとの関連をもとに考えることができた。前期に行った、既存のワークの改善では、履修者が学習者側の立場に立ち、学習者としての心理や思考をもとに、ワークを改善していった。こうした改善のパワフルさを体感しているからこそ、ワークをつくる段階においても、学習者の感情や思考の状態を想像することに納得感を持って取り組めたのではないか。

　また、このワークシートは前後の取り組みの関係を考えることにもつながっている。例えば、ワーク１の後の心理状態は、同時に、ワーク２のレディネスにもなっている。ワーク１の後の心理状態が、ワーク２に取り組む前の「あって欲しい状態」と合致しないのであれば、それは前後のワークのいずれかを変えるか、組み合わせを変えるか、あるいは、ワーク２の前に講義を入れるなどして、望ましい状態に近づける必要がある。そういったことを確認できるものとして、この工程表を用いた。

　アイデアを出し、工程表を用いて流れを確認し、修正を加える、そういったことを繰り返しながら、内容をブラッシュアップしていった。

④広報の検討

　③の具体的な内容の検討とは別に、広報の準備も行った。すべての参加

ワークショップ工程表

場面	活動（何をする？）	参加者の状態
0 集合時		例 緊張している/不安＋告知文からの想定

場面	活動（何をする？）	参加者の状態
0 集合時		例 緊張している/不安＋告知文からの想定
1 掴み（趣旨説明・アイスブレイク・）		前 上と同じ 後 （どうなっていて欲しい？） 例 周りと少し仲良くなって安心
2 最初のワーク		前 後 （どうなっていて欲しい？） 例「好き」という言葉で指すものが色々あるということに気づく
3 2個目のワーク		前 上と同じ 後 （どうなっていて欲しい？） 例 色々ある「好き」のなかで自分がこだわりを持って●れる。「好き」がどんなものなのか、気づいている
4 まとめ（こちらの思いや狙いを伝えたり、など）		前 上と同じ 後 （どうなっていて欲しい？） 例 なるほどなぁ…
5 解散時		来てよかった

2 最初のワーク		前 後 （どうなっていて欲しい？） 例「好き」という言葉で指すものが色々あるということに気づく
3 2個目のワーク		前 上と同じ 後 （どうなっていて欲しい？） 例 色々ある「好き」のなかで自分がこだわ

図7. 工程表

者は、告知サイトを見て申し込むため、広報（特に告知サイトの内容）は、ワークショップに参加する初期段階でのレディネスを左右するものと位置づけ、検討を行った。特に、告知文は重要なメッセージを発するものとして、繰り返し検討を重ねた。そのレディネスの想定にズレが出ないように、具体的な内容を検討するグループと密に連携をとりながら進めていった。

例えば、図8のようなサイトを作成した。広報活動について検討するグループは、Webサイトの作成後は、受付の仕方やリマインドの設定など、ワークショップのロジ周りを担当した。

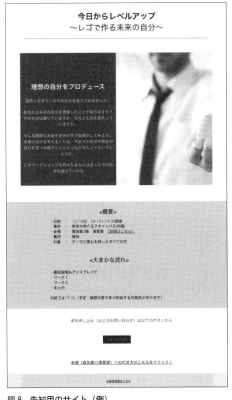

図8. 告知用のサイト（例）

⑤リハーサルと最終調整

　9～10回目は、スライド資料や配付資料、部屋の飾り付けの作成など、具体的な準備にあてた。そして、11～13回目はリハーサルと最終調整を行った。

　11回目には、広報やロジ周りを担当してきたグループを対象に、実際にワークショップを実施した。その後、学習者側の立場で参加したメンバーからのフィードバックを行った。それをふまえた最終調整と最終確認を12回目に行った。資料等の過不足、指示・説明等の文言に課題があれば修正するなど、そして、プリントアウトや印刷等である。

本番やその後の振り返りについては、次節以後で述べる。

2.2 作成物の活用

本事例において、作成物の活用に当たるのは、ワークショップの本番実施である。後期13回目の授業にあたる。2019年度以後のワークショップのタイトルは以下の通りである。

2019年度 　チャット×気持ち＝好き無限大：SNSから考える気持ちの伝え方
2020年度 　たった1分あなたのショータイム：今日からつかえる自己紹介を考える
2021年度 　今日からレベルアップ：レゴで作る自分の未来
2022年度 　未来の自分を決めるのは今の自分だ：10年後の理想の姿
2023年度 　参猿〜SANZARU〜：その「コミュニケーション」は当たり前なのでしょうか。

ワークショップは授業日に実施することもあれば、参加者をより多くつのるために授業日を変更して土曜日に実施することもあった。場所は、大学の教室を用いる場合もあれば、オンライン実施や、街中のレンタルスペースを用いることもあった（図9）。

図9. レンタルスペースを用いた際の実際の様子

これまで見てきた経験からすると、どれだけ準備を重ねても（重ねてきたからこそ？）、どうしても緊張感が高まる者もいる。しかし、ワークが始まれば徐々に落ち着いていく場合が多い。教員は完全に見守ることに徹した。例えば参加者に指示が伝わっておらず混乱が生じたりしている場合には、介入して補足したくなることもままあるが、我慢し、最初から最後まで学生らのみで運営、実施できるよう心がけた。教員がワークショップに影響を与えてしまうと、その最終的な成否を学生らが自分ごととして十分に受け止めきることができなくなってしまう。深く振り返ることもできなくなってしまう。折角つくるところから自分たちでやってきたにもかかわらず、そうなってしまうのは余りにも勿体ない。

2.3 改善活動

改善活動は、最終的な「つくる」段階でも行っているが、それらは前期からの積み重ねのうえに成り立っている。

まず、自己紹介、ペーパータワー、KJ法など、既存のワークに対する改善活動である。学習者としてそれらを体験しつつ、学習者として感じたことをもとにしながら、いかにすれば「よりのめり込めるワークになるか」、「より気づきのあるワークになるか」を考え、具体的な改善策を出して議論するという活動を重ねた。

その経験が、「つくる」段階でのブラッシュアップにつながっている。図7で見たように、工程表を用い、実際のワークについてシミュレーションしながら、参加している学習者の心理や思考の状態を想像するという取り組みを行った。その想像をもとに、前述したポイント同様に、いかにすれば「よりのめり込めるワークになるか」、「より気づきのあるワークになるか」等を考え、具体的な改善策を出し、検討した。リハーサルでの振り返りも、学習者側にまわった学生たちの声をもとに同様の視点で行った。徹底して、学習者の目線になって振り返り（あるいはシミュレーションして想像し）、改善活動を行うという取り組みを重ねた[11]。

3. つくって学ぶことの効果・利点

　つくって学ぶことの効果の一つは、実感をともなった理解が可能になることである。例えば、「学習者目線で考える」は授業づくり等に関わってよく言われがちな言葉である。しかし、それが具体的に何をするのか、どのように行うのか、といったことは言葉で説明しても難しい。実際につくりながら、そのつくるプロセスの中で一緒に行ったりすることで、初めて具体的な理解が可能になるのではないだろうか。

　この点にも関連するが、統合的な理解が深まることである。例えば、参加者の動機の程度を注視することや、環境が学びのあり様に影響することなどは、それぞれ別個に重要なこととして学ぶことはできるかもしれない。しかし、例えば、参加者のもともとの動機が高いかどうかによって、会場の環境のつくり方も変わってくる可能性がある。動機が低いと見積もれば、その場自体の楽しさがより重要になってくるであろうし、逆に高ければ、環境に凝りすぎることはワークに集中するうえでノイズになるかもしれない。つまり、それぞれの要因は関係し合っている。アクティブラーニングを重視した授業が実践できるようになるには、それぞれの要因が関係し、影響しあうなかで、より良い学びをつくっていくということができるようになる必要がある。そのためには、そうした環境での経験を積み重ねる必要がある。すなわち、自分でつくって、自分でためし、自分で振り返ることが必要であり、最も効果的であると考える。

おわりに

　本章では、ワークショップをつくる実践について紹介した。関係性づくりから、学習者としてのワークの体験、理論の理解、小さくつくり、大きくつくる、といったステップをふみ、実際にワークショップをつくる段階へと進んでいった。まわりくどいようであるが、実際につくっていく前のこれらの段階が重要だったのではないか。

　ワークショップは、基本的に不安定である。参加者の一言によって展開は左右される。本授業の履修者も、自分たちが学習者としてワークを体験

するなかで、そうした不安定さも感じたものと思われる。いざ、自分たちがワークショップを実施することを想像すると、一抹の不安を感じたであろう。経験を重ねると、そういった変わりやすさも面白さであるとは言えるかもしれないが、いずれにしても不安定である。また、共同してつくるというのは、諸刃の剣でもある。考え方の違いから、新たな発想も得られる可能性があるが、考え方の違いは、関係性のほころびにつながりやすいものでもある。だからこそ、前段階が重要だといえる。関係性を紡ぎコミュニティーになっていくこと。フィードバックし改善しあえる文化をつくっておくこと。ワークショップをつくる難しさに直面しながら、同時にそれらの構築を行うのは難しい。「つくる」段階の前に醸成された下地が功を奏して、実際の「つくる」過程が機能し得たのではないか。

　ところで、この実践はそうした難しさのようなものもあるが、その分、教員として喜びを感じやすい部分もあるかもしれない。教員側にとっても、様々な準備をしながら、それでいて見守ったり、我慢したり、また、通常の授業以上にモチベーションや関係性のもつれなどに目を向ける必要があり、骨が折れる。しかし、有り体な言い方になるかもしれないが、大変な授業であるからこそ、その分、学生の力は伸びる。1年間かけて準備し、実施していくなかで、明らかに学生の目の色や、学生の学ぶ姿勢、そして、スキルそのものが変わっていく瞬間に出会うことができる。例えば、プライドが邪魔をして、他者のコメントにどうしても反発してしまい、素直に受け入れることができなかった学生が、ワークショップの本番が近づくなかで、他者のフィードバックを自ら求めるようになり、そしてそれに感謝さえするようになったりする。言葉で表すと陳腐になってしまうかもしれないが、学生のそういった変化を見て、その彼が実に丁寧に学習者に目を向け、ワークのファシリテーションを真摯に進める姿、そして終わった後の満足感のある表情などを見ると、こちらも心が揺さぶられるものがある。教員それぞれの考え方にもよるであろうが、こうした瞬間に出会えることは、個人的にはこのうえない喜びである。「つくる」実践は、そうした場面に出会いやすい実践であるとも言えるかもしれない。

（注）

1) アクティブラーニングについては、「一方向的な知識伝達型講義を聴くという（受動的）学習を乗り越える意味での、あらゆる能動的な学習のこと。能動的な学習には、書く・話す・発表する等の活動への関与と、そこで生じる認知プロセスの外化を伴う」［溝上慎一（2014）アクティブラーニングと教授学習パラダイムの転換. 東信堂］や「読解・議論・作文などの活動において、分析・統合・評価といった高次思考過程への関与によって、聴講と比較して積極的に参加する学習」［山内祐平（2018）日本教育工学会論文誌 42(3): 191-200］をはじめとして様々な定義があるが、ここでは学習者の主体的な学び全般を指すものとして用いる。

2) レディネスとは、「学習者の一般的発達水準や、その課題を学習するための知識や経験など、学習に必要な条件が学習者に備わっている状態」［有斐閣　現代心理学辞典］のこと。

3) 各年度によって、参加者の様子などが異なっており、少しずつ取り組みを修正している。本章では、最も典型的なパターンについて報告する。

4) 偏愛マップは齋藤孝の提唱した自己紹介の手法［齋藤孝（2009）偏愛マップ：ビックリするくらい人間関係がうまくいく本. 新潮文庫］である。

5) スキーマとは、「さまざまな個別事象に柔軟に対応するために用いられる、体制化され、構造化された一般知識のこと」［有斐閣　現代心理学辞典］である。

6) フローとは、「人がある活動に没入した状態」［有斐閣　現代心理学辞典］のことである。

7) ARCS モデルはジョン・M・ケラーによって提唱された学習の意欲に関するモデルであり、注意（Attention）、関連性（Relevance）、自信（Confidence）、満足感（Satisfaction）の4つの側面から学習意欲を高めるためのアイデアを考えると便利である［鈴木克明監修、市川尚・根本淳子編著（2016）インストラクショナルデザインの道具箱101. 北大路書房］。

8) 建設的相互作用とは、2人以上の参加者が課題に取り組む場面において、1名が課題を遂行する時、他の参加者はモニターとしての役割を果たし、課題遂行者とは異なるアイデアを持ち課題遂行者よりも広い視点から状況を捉え、課題遂行とモニターの役割が交代することで各自の理解が抽象性の高いものになる原理のことである［三宅なほみ（2010）Ⅴ部 関係と状況の中での「学び」第5章 協調的な学び. 佐伯胖監修「学び」の認知科学事典. pp. 459-478］。

9) QFT とは、"The Question Formulation Technique" の略称で、ダン・ロススタインとルース・サンタナの提唱する問いづくりワークの手法を指す。大まかにいうと、次のステップで進める。問いの案をたくさん出したあと、オープンクエスチョンとクローズドクエスチョンに分類し、前者は後者に、後者は前者に転換する。それらによって生成された多くの問いの案の中から、優先度の高いものを選んでいく［ダン・ロススタイン、ルース・サンタナ（訳）吉田新一郎（2009）たった一つを変えるだけ. 新評論］。

10) KJ 法とは、「民族地理学者の川喜田二郎によって開発された発想法」で、「データをラベル化するラベル作り、ラベルをグループにまとめるグループ編成、グループを解釈可能な形に並べる図解化、そして図解化を解釈した叙述化」の4ステップで進める［田中博晃（2012）KJ 法クイックマニュアル. 外国語教育メディア学会（LET）関西支部メソドロジー研究部会 2012 年度報告論集. pp. 102-106］。

11)　もう一点別の振り返りも行っていたことを書いておきたい。ここまで書いてきた
改善活動は、あくまでワーク等の方法や進め方について考えるものである。これらに
加え、本授業では「方法」だけでなく「自分」に矢印を向けた振り返りも行ってきた。
例えば、前期最後のプチワークの振り返りや、最後のワークショップ後の振り返りで
は、自分がワークについてどう感じたのかを語り合うことからはじめ、自分の感じ方
と他者の感じ方の違いに目を向け、自分の感じ方がどのような特徴を持っているか、
考えた。そのうえで、そうした感じ方が、過去の経験や文脈とどのように結びついて
いるのかを考えることも行った。作成物そのものの改善ではないため、本文には記載
せず、注として書くに留めた。

第 10 章

座談会「つくって学ぶアクティブラーニング」のデザイン原則

司会　中澤明子
参加者　中村長史・標葉靖子・重田勝介・
　　　　福山佑樹・町支大祐

はじめに

本章では、「つくって学ぶ」授業の実践者であり本書で実践の紹介を行った執筆者が一堂に会し、原稿では述べきれなかった授業の実際・利点・困難などを語りあう。

授業のなかでの「つくること」の位置づけ、グループ分けの方法、フィードバックの方法と難しさなどのトピックで自身の実践や経験を語り、そこから「つくって学ぶ」授業のデザイン原則を導き出す。

---

1. つくることの位置づけとつくる理論・方法の学習

中澤　それでは皆さんに「つくって学ぶアクティブラーニング」を行う授業の実際について聞きたいと思います。最初にお聞きしたいのは、「つくる理論・方法をどのように学生に伝えるか」です。授業の中で行う「つくる」という行為について、その方法や理論を説明する時間があるのか、あるとしたらどれくらい時間をかけて、どれくらいの粒度で伝えられているかをお尋ねしたいです。

写真：左から中村長史、標葉靖子、町支大祐、中澤明子、福山佑樹、重田勝介

　　　　　例えば、「SDGsを学べる授業をつくろう」の授業（第7章）では、2回分の授業を充てています。最初の授業では授業設計の簡単な流れを説明して、次の授業では授業方法を扱っています。

町支　ワークショップをつくるうえでの目標として、「のめり込むこと」と、「その場で何かに気づくこと」を掲げています。ワークショップづくりを始める前のインプットでは、その2点について粒度はめちゃくちゃ粗いですが理論的な部分を伝えています。というのも、細かい内容を伝えても伝わらないと感じるからです。むしろ、それを体験と共に理解し、「確かに」と思ってもらいたいと考えています。

　　　　　例えば、「その場で何かに気づくこと」については、実際にジグソー法を体験してもらって、「確かに気づくってこういうことだな」と感じてもらいたいと思っています。「のめり込むこと」も同じで、ワークショップを参加者として体験してもらったうえで、「今、みんなのめり込んでたよね」と投げかけたりしています。理論の粒度は粗くても、体験とセットで「確かに」と思ってもらうことが大事なのかなと思っています。

標葉　体験とセットという点は、私も共通しています。ゲームクリエーターを養成するための授業ではないので、理論や手法の詳細は説明していません。授業では「何のために・誰に対して・何を伝えたいのか」をまず決めてもらって、その上で既存のゲーム、例えば先輩がつくったゲームで評価がよかったものなどをプレイしてもらって、これは誰にどうなってほしいとか、どういう要素が扱われていて何を扱っていないのかを学生にリバースエンジニアリングしてもらう作業をはじめに入れています。

　そこから、では自分たちは問題の何を伝えたいのか、そのためにはどうすれば良いか、「これはちょっと違うよね」ということをつくりながら考えてもらっています。まさに「体験して、分析して、つくって」の繰り返しです。

中澤　体で覚えてもらうということですね。

重田　私も最初の授業回で、先輩の教材で学んでもらいます。こちらが与えた観点について、例えば、どの辺が教材を分かりやすくしているかや、どのように学びやすく工夫されているかを考えてもらいます。これはある種、先行オーガナイザー[1]のようなもので、最初に自分が考えた内容を後から理論的に、体系的に学ぶというのは、町支さん、標葉さんがおっしゃったことと同じだなと思いました。

　教材をつくる授業は、教材をつくる方法を事前に学ばないといけないし、手続き的なスキルを実際使ってみるための時間が必要です。だから、どうしても時間が足りないことがあって、私の場合は、反転授業で知識伝達を済ませてしまいます。例えば、検索や見極めの方法とか、ID（インストラクショナル・デザイン）[2]やデジタルリテラシーの基礎は、事前に教材を見てきてクイズに答えてもらっています。授業時間でいうと、15回のうち大体10回くらいは何かの知識を新しく学んでいるのですけれども、予習で知識を学び、授業の冒頭15分くらいで予習内容を振り返る時間を設けています。学生によって、ちゃんと学べているかどうかは差があると思います。

福山　私も、内容に対して授業時間がタイトですので、「つくる」ことに関する理論の話をする時間はほとんどないです。標葉さんと同じで、「この授業の動画を見て学習者にどのようになってほしいですか」、「反転授業を受けてどうなってほしいですか」という「誰にどうなってほしいか」というポイントを意識することは徹底するようにしています。ただ、一つだけ詳しく教えているのは、動画教材制作に使用する iMovie[3] の使い方で、体験的に学んでもらっています。授業では、TA（ティーチング・アシスタント）さんをすてきに紹介する PV をつくりましょうという課題を出して、TA さん本人が、自分が一番すてきだと感じた動画に賞を出したりしていました。

　それ以外は、体験と真似を重視しています。反転授業を学ぶのを反転授業でやりましょうという課題を出して体験してもらったり、よくできた動画のサンプルを出して、ポイントを真似して学ぶといったことを行っています。

中村　つくり方の理論をどれくらい扱うかは授業の目的にもよるのかなと思いました。僕の場合でいうと、ルーブリックをつくる時は、ルーブリック自体についてこと細かに説明していません。それは、ルーブリックづくりを通して論文でどういう点に注意して書いてほしいかを知らせることが目的で、ルーブリックを素晴らしくつくること自体が目的ではないからです。ルーブリックは、評価尺度の設定が難しいのですけれども、そこは教員が行って、学生は観点を出すことに特化して行うので、理論の話はしていないです。

　他方で、「SDGs を学べる授業をつくろう」は、授業づくりを通して SDGs について学ぶことにくわえて、授業の目標の中に、学習者の学びを深める授業方法を説明できることを入れています。中澤さんがおっしゃったように、授業づくりの理論を 2 回だけではありますが扱っています。そういう意味では目的によるのかなと、皆さんのお話を聞いていて、あらためて思いました。

中澤　つくるという行為の重みがどのくらい授業の中にあるかということですね。

中村　そういうことですね。

---

2. グループ分けの方法とインプットの重要性

重田　標葉さんの授業ではグループワークを取り入れていますよね。こういうゲームにしようという、テーマ決めに至るまでの議論や合意形成が必要ですよね。そこで学生がやる気をなくすことはないのでしょうか。

　私の授業では、一人ひとりが自分の教材をつくるので、やりたいテーマに興味がない学生はいるのですけれども、グループで行うことのハードルはないのですよね。

標葉　チームで実際に機能するものをつくるという、授業では共創する力と言っていますが、その共創力を身につけることも授業の到達目標の一つであることをシラバスで明記していることが大きいかもしれません。価値観とかやりたいことをすり合わせて、全員がこれをやりたいねという目標を自分たちでつくることも共創では重要なことだよという話をします。そのため、何をつくりたいのかの合意形成にはきちんと時間を費やしています。納得して全員

がやりましょうと。とはいえ、テーマがテーマなので、学生が知っている科学と社会の問題って、そんなにたくさんあるわけではなくて。だから最初に、自分が気になったものを持ち寄ってもらって、それについて話して一番盛り上がったテーマにしようという形で決めてもらうと、何のテーマであれそこでやる気を失う学生はほとんどいません。

重田　例えば、自由なテーマにして興味がある人とグループを組むわけでもないのですか。

標葉　それは年度によって変えています。いかんせん、ゲームの中に嘘があったり誤った学習をしたりするものをつくってはいけないですし、私自身が内容を監修できるテーマでないと困るところもあるので、学生の希望をきく場合でも基本的には最初に私の方で大きなテーマを何個か提示します。例えば気候変動のように大きなテーマですね。そこからチームで相談して複数テーマの中から選んでもらった年もあれば、チーム編成をする前にアンケートで聞いて、順位を付けたテーマが似ている人たちでグループを組んだこともありましたが、どのテーマに対しても学生の事前知識が乏しいことから、希望を聞いてもあまり意味がありませんでした。

重田　テーマに関する事前知識はどうしても不足するので、ともすると思いつきでテーマを決めてしまうことになりかねないですね。

標葉　そうです。そのため事前アンケートはやめました。私が詳しいテーマはこの辺りですという言い方はしますが、そこから外れても、私も頑張って勉強するから今はまだ知識がないことはテーマ選定においてはそんなに気にしなくていいよと学生には伝えています。結局今は、科学と社会にどのような問題があるかを講義でインプットした上で、それを聞いて気になったニュースを持ち寄ってもらって、チームで相談してテーマを決めてもらっています。そうすると、そんなにやりたくないテーマになったという不満は学生から出てくることはありません。

重田　なるほど。最初にインプットを持ち寄ることがポイントかなと思いました。つまり、それによって想いというか、自分が調べてき

たものがゲームになるという道筋をうまく付けていらっしゃるように思いました。

中澤 「SDGsを学べる授業をつくろう」（以下、SDGs）と「オープン教材をつくろう！」（以下、オープン教材）の授業では、アンケートに基づいてグループ分けをしています。SDGsの授業ではどの目標に関心があるか、オープン教材の授業ではオープンエデュケーションの中で扱いたいものがあるかを聞いて、似た関心がある学生たちでグループをつくっています。

中村 「国際紛争ケースブックをつくろう」の授業（第6章）も、関心がある紛争を挙げてもらって、関心が近い人でグルーピングしています。そのためには、重田さんがおっしゃったとおりで、インプットの時間が必要なのです。SDGsも同じですね。だから、僕たちが最初に、SDGsそれ自体についての授業をして、ある程度理解を得てもらった上で、選んでもらっています。

中澤 オープン教材もそうですね。オープンエデュケーションの概要を説明した後で、関心があるものを聞いています。インプットが大事ということは確かにそうだなと思います。

重田 私の授業では制作物のテーマを決めるための問いかけを少しずつ始めるようにしています。授業の前半に、情報検索の基礎を教えた上で、テーマとしてどういうことに興味があるかを聞きます。そして、テーマが近い人たちをグループに分けて、そこで自分たちの興味があるテーマについて話し合ったり、調べたりします。そのようにして徐々に学生たちの視野を広げていくようにしています。テーマの決め方としては、最初にグループをつくり、それが枝分かれしていくイメージです。例えば、グループのテーマが電子マネーだったら、電子マネーの社会の普及の話を取り上げる人がいれば、システムを取り上げる人がいるようにするなど、テーマが分散するように誘導することはありますね。

福山 私もつくる活動はグループワークで行います。授業の初回に興味のあるテーマを尋ねて、グループをつくります。個人に様々な関心はありますが最終的にグループでつくるものは一つになるので、

グループ内で決めるためのコンペをしてもらいます。コンペでは個人で反転授業の授業案をつくって、2グループ合同でプレゼンを行います。プレゼン後は相手のグループのどの案が面白かったかに投票してもらいます。グループ内での合意が大切なので、合意できるのであれば投票が多くなかった案をつくってもいいよとは言うのですけど、大体は投票が多いものに収束しますね。それで納得しない学生はあまりいませんでした。

重田　合意形成の仕掛けがあるのですね。

福山　そうですね。

町支　授業全体で1つのワークショップをつくるので、10人、15人で、1つのテーマに絞るんですよね。それだけの人数なので、自分の関心のあるテーマにならない子も多いんです。ただ、そのことではあまり苦労しないかもしれません。テーマを決めるのは授業の後半です。授業回が30回あることの利点かもしれないですけれども、テーマ決めまでに合意形成しやすい空気をつくっておくというようなイメージです。それまでにいろんなワークや模擬授業をお互いに協同して取り組んでもらいます。テーマ決めの段階では「この人たちと一緒に何かやるのは面白い」という状態になっていることが大事なのかな。自分がすごくやりたいものにはならなかったとしても、この仲間となら一緒に何かをやったら楽しそう、という感じになっていたら理想的だと思います。

　あとは、先ほど話した2つの目標、のめり込みとその場で何かに気づくことですね。それらを目標にすることだけは初めに明確にしています。それを実現しやすいテーマはどれかを選んでもらうので、自分がやりたい内容かどうかよりも目標の達成が優先されている感じかなと思います。

中澤　テーマ決めの基準が最初にあるのですね。

町支　そうです。

　あと、案を出す時には635法という方法をとっています。6人で集まって、各自が5分ごとに3つアイデアを出すんですよね。で、次の5分では、その3つのアイデアを出した人の隣の人が、元の3

つのアイデアから発想した3つのアイデアを出す手法（第9章）です。それを続けることでテーマの案を数百ぐらい無理やりでもつくるんですよね。その中から先ほど言った基準に合うものを選ぶという形でやっています。

重田　それ、いいですね。自分の授業でも取り入れようかなと思いました。

---

3. フィードバックの方法

中澤　学生たちがつくった制作物へのフィードバックの機会を設けているか、どのように行っているかをお聞きしたいです。

町支　僕の授業の場合、10人ぐらいで1つのワークショップをつくっているので、全員がファシリテートや企画する役割になるかというと、そうではないのですね。ファシリテートや企画担当でない学生たちを対象にワークを試してもらって、彼らからフィードバックをもらう、ということを行っています。

中澤　標葉さんの場合、フィードバックは標葉さんから学生に対して行っていますか？

標葉　私からも行っていますし、学生同士でも行ってもらっています。最初は私からのフィードバックが中心ですが、ある程度プロトタイプが形になってきたかなと思ったら、「今度はAチームとBチームで、お互いプロトタイプでプレイしてみて、相互フィードバックしてください」という感じで行っています。学生同士で互いにシビアにフィードバックし合うことも練習だと考えていますので、その時間は大切にしています。

重田　私は、自分の中での自己評価と、教師からの評価と、相互評価を行っています。授業の後半3分の1の時間はひたすら評価を行う授業回があります。教材を評価する軸が、内容をきちんと調べ見極められているかと、インストラクショナル・デザインの考え方が導入されているかと、デザイン面の3つの観点があります。

　授業で習った内容を基に自分でも評価するし、相互評価もする

し、教員からもそれに対して評価をしています。

　　フィードバックは私なりに重視していて、授業で学ぶ知識・スキルが教材に反映されているかの評価を、3コマくらいかけてやっていますね。15回の授業のうち第10回ぐらいに最初の教材ができて、それを2回か3回はリバイズして、最終的には授業の終わった1週間後に提出してもらっています。だから、大体バージョン4ぐらいまではつくっています。

福山　　私もフィードバックでは成績評価に関連する教員からのフィードバックの箇所を、毎週の講義スライドに書くようにしています。この回で教材の評価やレポート提出があるということをしっかりと提示しています。

　　それ以外は、教材の制作期間中には教員やTAからアドバイスはたくさんしますけれども、グループ同士で「今週はAグループとBグループで現状の案を発表しあって意見をもらいましょう」という相互フィードバック活動を何回か取り入れるようにしています。ただ、粗々でもプロトタイプを出してくれないとアドバイスやフィードバックができないので、プロトタイピング・アンド・リファインが大事ですよという話をして形をつくってフィードバックをもらう大切さを話しています。

中澤　　私の場合、フィードバックの大きな機会は中間発表です。オープン教材の授業では、違うグループの人たちどうし4～5人で集まって、自分のグループの教材設計書をそのグループで発表してもらいます。そして、教材設計の理論に基づいた評価フォームをつくり、相互評価してもらいます。私からも各グループの教材設計書に対してフィードバックします。最終発表の時には実際にできた教材を、同じような形式で発表して、相互評価してもらっています。

　　SDGsも、オープン教材の授業も、教材や授業をグループでつくる段階では、授業の途中に10分くらい時間を取って、ほかのグループの人とペアになってもらいます。そこで進捗共有とお互いの成果物について相互にコメントする活動を取り入れています。

つまり、毎回、相互評価の時間を取っています。学生には、ペアになったグループの成果物の「よい点は盗んでください」と伝えています。例えば、デザインに凝っているグループがあればデザインの重要さ、あるいはわかりやすい情報提示の仕方や扱う内容の取捨選択について、学生どうしで気づいてもらえます。

中村 教員からのフィードバックと学生同士のフィードバックもおこなっていますが、あと僕がおこなっているのはTAからのフィードバックです。TAが元受講生なのですよね。よく授業のことを分かってくれているので、どういうところで苦労しそうかとか、あれは大変だったという経験を持っています。そういう観点からフィードバックしてもらっています。

　教員のフィードバックは、プロからのフィードバックなわけですけれども、もう少し近い立場からのフィードバックが学生には必要だと思うので、意識的にTAにはフィードバックをお願いしています。

　海外だとTAがスモールセッションを持つように取り組んでいますけれども、日本の場合はそこまではまだ至ってないので……。あんまり過度な負担を特定のTAに求めるのもその人にとって必ずしもよくないかもしれないので、バランスは見ながらですけれども。ただ、元受講生のTAのフィードバックは結構いいのでは

ないのかと思います。

中澤 そうですね。その授業を受けていた学生だからこそわかる観点からのフィードバックですよね。

重田 フィードバックは、私のゼミ生が研究[4]しているのですけれども、他者に対していいフィードバックをしたほうが、自分もよい教材をつくれるという結果も出ています。だから、これはTAではないのですが、学生同士で相互評価をやる時によい助言をすることが、自分の教材をよくすることにつながることを学生に伝える必要があるのかなと思います。

これは私自身の反省ですけれども、教員が与えるフィードバックで制作物を直すことが難しいことがあります。学生目線からすると、指摘は確かに正しいけれど、実際に改善することが難しい指摘もあるように思います。でも、学生同士の場合はお互いのレベルを含めて、それくらいならできるかなという配慮もあるし、優れている点を褒めながら互いに真似することもあるので、学生同士のフィードバックがうまく機能している部分がかなりあります。

私のグループの別の研究で、教員からのフィードバックと学生からのフィードバックが実際どれくらい改善に役立っているのかを評価したのですが、実は指摘したことが改善に一部しか反映されていないのです。理由としては、授業内でのいろいろな制約があるからだと思います。時間が足りないとか、本人としての見切

りとか。1年生の前期の授業でほかの授業もかなり多いので、やり切れないこともあるように思います。学生同士がお互いによいフィードバックをすることと、相手のフィードバックを受け入れること、どうやってフィードバックを互いにするとよいかを、教えることがこの手の授業では大事だと思います。

中澤　先ほどお話した、授業中10分間程度でのペアでの相互評価ですが、もとのグループに戻ったら、相互コメントで良いなと思った点を共有してくださいと伝えています。あるいは、グループの成果物で改善したほうがよい点をグループで共有してもらう時間にもしています。学生自身が相互コメントの内容を評価して、それをグループで共有してもらうと反映しやすいのかなと思いました。個人の作業だと異なるとは思いますけれども。

重田　全部が全部反映するのは難しいですよね。優先順位を付けることになりますね。

中澤　そうですね。グループの中で優先順位を付けてもらっています。

---

4. フィードバックの難しさ

町支　先ほど言った、学生同士の相互評価が機能しない時があります。効果的なコメントが出ず、ちょっと心もとないなと思う時があります。そういう時に自分が前に出てコメントをすると、めちゃくちゃ忖度が働くことがあります。「先生がこう言っているし変えようか」というような。そうはなりたくないんですよね。かといって、課題が見えていないまま、このまま人を呼んでワークショップをやったらやばいぞ、という感じがすることもあるので、どこまで自分が言うかはすごく難しいですね。「ここが分からなかった」までは言って「こうしたらいいよ」という改善策までは言わない、というようなことは気をつけているのですが、そのあたりも含めてどこまで言うかの判断はすごく難しいです。

福山　学生にどこまで言うのかということは難しいですよね。私の担当している教育工学研究法だと最後まであまりにうまくトントン拍

子に進んだら、「教育工学って簡単じゃん」と思われるかもしれません。それはあまり本意ではないので、ある程度失敗やつまずきがあってもいいやという気持ちもあります。あまりにも順調なグループがあったら、最後の発表会で少し厳しめにフィードバックして、「ゼミに配属されたらもっと頑張らなきゃ」みたいな気持ちにさせなきゃいけないという、そういうモチベーションも働いたりします。

標葉　私の授業では、私からフィードバックする際には、知識として誤っていることをゲームの前提としていたり、ルールに埋め込もうとしていたりするものについては必ず指摘をするようにしています。「科学と社会」が授業としての大きなテーマですが、社会課題をモデル化する際に学生はどうしても無意識の偏見や差別を埋め込んでしまう時があるので、そこはかなり積極的に介入しています。そうした誤った知識や偏見・差別の埋め込みの指摘に対して何の対策も取らないことに関しては、かなり怒ります。一方、学生同士の相互フィードバックでは、評価というよりはプレイヤー視点で素直に感想を言ってもらうことを重視しています。他のチームからの感想を聞いて、自分たちがこう思ってもらえると思って埋め込んでいたルールが全く違う感想になっているというズレが生じているのであれば、ルールなり説明の方法なりをちゃんと調整してくださいと伝えています。

　学生同士のフィードバックでは決して評価しようとしなくて良いということを伝えることが重要だと感じています。評価と言ってしまうと、気を遣ってしまうのか厳しいことを言えなくなる学生もとても多いですし。あと、評価として言われたことは何でも反映しなきゃいけないと思って、コンセプトがずれて、ゲームとしての体をなさなくなるという、最悪のことがあるので。それだけは避けたいというところで、プレイとして回せないと思ったコメントは捨てても良いと伝えています。

　残念ながら、良い指摘だから是非反映してほしいなと思うコメントがスルーされていくこともあります。でもそこは、最終回に

　ゲストに来ていただいて、その方々からけちょんけちょんに言っていただくほうがいい経験になるだろうと思って、取りあえずゲームが楽しくなくても成立するという見切りがつくまでは介入しますけど、それ以外は反映していなくてもいいかなと考えています。

　実際の学生らのフィードバックに対する応答を見ていると、とても柔軟に反映していく応答性の高いチームもあれば、やりたいことが強すぎるのか、フィードバックを反映しようとしないチームもあります。そんなにテーマに思い入れがなくて始まったチームのほうが、周りの声を真摯に受け入れる傾向があるように思います。

中澤　何となく分かります。
町支　難しいですね。
中村　思いが強い人もいますからね。

---

5. 制作物の適切な分量とフィードバックの受け止め方

中澤　SDGsは、皆さんの実践と性質が違う点があると思っています。というのは、授業が終わった後にワークショップがあるからです。そのワークショップで登壇する学生たちには、授業が終わった後

で模擬授業とフィードバックの機会を設けているのです。その模擬授業のときは、厳しく言いますよね。

中村　そうですね。それは人様に、さきほどの話のように見せないといけないので。

中澤　授業の方法、説明の仕方や態度も、内容もフィードバックします。学生が授業で用いるワークシートのつくり方や講義スライドも確認します。一つのグループあたり1時間くらい時間をかけて、それを2回行っています。

中村　2回やっていますね。

中澤　1回目の模擬授業を受けて改善して、2回目の模擬授業ですね。

中村　国際紛争ケースブックの場合だと、フィードバックの方向性は2つあります。教員からであれ、受講者同士であれ、TAからであれ、多いのは、こういう情報も入れたほうがいいのではないのか？というタイプのものなのですよね。

　受け入れる人は受け入れるので、どんどん入れていくのですけれども。そうすると何が出来上がるかというと、めちゃくちゃ膨大になるのです。一つの紛争について何ページあるの？というケースブックが出来上がるのです。

　それをつくるのは簡単ですよという話を伝えるようにしています。つまり、辞書ぐらい分厚いものだったら、それはどこかにすでに書いてあるよと。でもそうではなくて、求められるのは、もう少しコンパクトなのだけれども、必要な情報と二次的な情報が区別されているものだから、フィードバックの時に、増やす方向のフィードバックだけではなくて、削る方向のフィードバックができるようになるといいですねと伝えています。自分ができているかは結構微妙なのですけれども、結局増やしているのではないかということはあるのですけれども。これは結構言うようにしています。

標葉　どんどんコンテンツが膨れ上がっていくことは決して良いことではないという点は、まさにゲームデザインで注意しなければならない点ですね。40分で感想戦までできるようにということを伝え

ているので、複雑なルールのゲームを実施することは到底できません。何が一番大事なメッセージで、どれを切り捨てるのかを自分たちで意思決定するということは、ほんとに大事だなって。

中村　それができるということが、一番分かっているということだと思うのです。

中澤　授業や教材でも、設計書で学習目標をつくってもらいますが、中間発表のタイミングで、適切な分量にするために学習目標を減らすことを検討するように伝えています。実際、学習目標を削るグループもいます。たしかに、何がコアになるかをしっかりと考えてもらう必要がありますし、大切なことだと思います。

福山　何か気になった際に「こうしたほうがいいんじゃない？」と、教員も学生も大体アドバイスをしますよね。それに対して反発するタイプの学生もいるじゃないですか、「そんなの要らない」と言うとか。そういう学生には「こうしたほうがいいんじゃない？」と言われたことを、そのまま受け入れる必要はないけれども、「コメントした人がその箇所に何か気になった点がある」ということは間違いなく事実なのだから、アドバイスどおりにする必要はないけれども、何か手当てはした方が良いよというコメントをします。

町支　ワークショップづくりの場合でも、要らないものが入ってしまっている時って、多分、つくったものの宛先の人の視点になれてないのかなと思うんですよね。受け手の視点になってみたらどうかということを、ずっと考えてもらっています。

　　　例えば、縦の２枠のワークシートをつくって、左側に取り組むワークの流れを書いて、右側にそのワークに取り組んだら、参加者の人たちはこういう気持ちになるんじゃないかなというのを書いてもらっています。取り組んでみたらこうなったということは、やった後には分かることはあると思うんですけれども、それを事前に自分で想像できるようになったらいいよね、そうなったら多分授業づくりしやすくなるんじゃない？って。そのことを、つくっている段階でも、最後の授業でも、たびたび伝えています。

重田　それは面白いですね。それはまさに教職科目だからということで

すね。
中澤　少し違いますよね。
重田　そう。その点はとても重要だと思います。
町支　とはいえ、あまりうまくできないですけどね。
福山　なかなかできないです。でも、私も宛先の人の視点に立とうということはメッセージとして伝えています。
重田　なかなかできていないので、みんなでやってみましょうということですね。いいですね。

6. つくって学ぶ授業の利点

中澤　つくって学ぶ授業を行っていて、よかった点はありますか。

町支　それは、とにかく楽しいことですね。自分がやっている授業の中でこの授業が一番楽しいです。自分も、出来上がったワークショップに参加者の方がのめり込んでくれるかは正直分からないので、ハラハラしながらやっています。そして盛り上がったら、「わあ！」という気持ちになる。部活動のような感じもあります。ひたすら一番楽しいなと感じますね。子どもみたいな感想ですけれども。

標葉　私も、まるっきり同じ感じですね。授業が終わった後も使えるものが、出てきたりする時もありますし。実際に、私の専門に一番近い授業ということもあるのですけれども、学生との議論も一番盛り上がるため、とても楽しいです。

　　　ほかの授業だと、授業期間が終わった後に「継続して自分たち

でもっとやりたいから先生時間作って来てください」と学生が言ってくることはほとんどないのですけれども。この授業は、ゲームをより洗練させたいから、「先生いつ空いている？」と聞いてきて、実際に継続して外に公開できるようなパッケージ化までして。

　本学には学生の活動を支援する学内ファンドがあるんですが、学生がゲームの継続開発のためにそれに応募したいと言ってくることもあります。こうしたやる気が持続されるのは、やはり物をつくれて、それがいろんな人に使ってもらえるという目にみえるリワードがあるからなのではという気がします。

重田　素晴らしいですね。実は私自身、自分の授業に若干飽きてしまっている部分がありまして、多分それは、町支さんや標葉さんのような経験がないからなのだろうと感じています。つまり、学生が教材づくりを通じてどういう知識・スキルを身につけているかばかり見てしまっている。教材は当然評価しますけど、教材自体の面白さを流してしまっているような気がします。そのあたり、来年度から授業のやり方を少し変えようと思っています。学生が「どうせ知識・スキルを評価しているのでしょ？　はいはい、できましたよ」というふうになってしまわないように、例えばつくった教材を来年の１年生に何らかの形で提供するようにするとか。そういう使い道を考えるのがいいかなと思いましたね。私の授業でも、今年つくった教材でいいものは、来年の学生がお手本として使えますよとは伝えるのですけれども、そこを超えた何かが教材づくりの場合は必要かなと思っています。自分たちの後輩が、自分たちがつくった教材で学ぶような環境があると、少し違うかなと思いましたね。

福山　私はつくって学ぶ授業は最近は担当しなくなってしまいましたけど、今思い出しても楽しかったなという思いがあります。担当している時は、本当に間に合うのだろうかって常にハラハラしながらですけれども。でも、やっていて楽しかったなと思います。

　私の授業では授業後まで継続して開発するグループは、反転授業という題材のせいかなかったですが、すごく時間をかけて、こ

んなに求めてないのにというレベルまで動画をつくり込むグループはありました。ほかにも反転授業の実践で対面授業で実施するのは簡単なワークでもいいと伝えているけれども、そこでちょっとしたゲームをつくってきて実践するグループがいたり。頑張る学生の青天井具合はすごく面白いですね。教員も出てきたものを見てすごく刺激を受けることができるのは、つくる授業のよさかなと思います。

中村　物が残ることがすごくいいですよね、このタイプの授業は。学生の声を聞いていても、ルーブリックを、卒論を書く時にも使いましたとか、国際紛争ケースブックも卒論執筆の際に参照しましたとか。そういうことを言ってもらえるといいなって、やってよかったなって思うし、これからも可能な限りやりたいなと思っています。

中澤　私は、すごく実利的な点になるのですけれども。オープン教材の授業では、オープンエデュケーションについて自分が教えたことへのフィードバックとして教材が出てくるのです。だから、学生が誤った理解をしているかどうかが顕著にわかります。「学生がつくった教材ではこういう説明になっているから、ここの内容は分かりにくかったのだな」とか、「ここは伝え方がよくなかったな」と感じるところは、毎年、講義スライドを変更しています。授業

の改善になっているのですよね。

　あと、オープンエデュケーションについて学べる教材をつくるという同じテーマなのに、毎年まったく異なる教材を学生が完成させます。そこが面白いですね。学生の発想の多様性や可能性を感じます。私が思いつかない工夫があると自分自身も気づきを得られますし、面白いな、よかったなと思います。

---

7. つくって学ぶ授業の難しさ

中澤　それでは、つくって学ぶ授業で難しいことや課題をお聞きします。これまでの話の中でも出てきてはいるのですけれども、ほかにはありますか。

重田　私から申し上げると、やはり、個人がつくる場合だと、フィードバックが行きわたらない点がありますね。自分がフィードバックするのは1、2回あるので、それはコメントで返すのですけれども。学生同士のフィードバックがしっかりとワークしているかを見取ることがなかなか難しいと思います。つまり、一つのクラスに20～30人いて、私の場合は3～4人ぐらいのグループをつくって、そこで学生同士でフィードバックをしています。フィードバックを書いたものはGoogleフォームに投稿するので、それを確認できるのですけれども。すべてのフィードバックに目を通し、コメントしたとしても、やはりフィードバックがうまくいかないことがあります。その場合、うまくつくることを諦めてしまう子もいて、出来にばらつきができてしまいます。全体としてどのように底上げするかは課題ですね。当然、教材のテーマ自体に興味を持てていないこともあるでしょうし、深掘りできていないこともあります。インストラクショナル・デザインの知識をうまく導入できていない場合もあります。どのように質を上げるかは難しいですね。

中澤　相互評価をする時、学生同士の評価が甘い場合もありますよね。

重田　そうですね。褒め合って終わっていることもあります。それでは物足りないですね。

中澤　私も Google フォームで相互評価を行ってもらいます。教材設計のポイントを満たすかを尋ねる項目があるのですが、学生がすべての項目を「満たしている」と回答することがあります。私からすると全部満たしていないと思うのですけれども。学生にとっては、そういった評価をすることが難しいのかなと思います。

福山　成績でいうと、私の授業はグループで授業をつくってもらうので、グループ内での差のつけ方が難しいなと感じています。フリーライダーがいるグループですごくよい作品ができた場合に、「みんな高得点でＯＫ」というわけにはいかないので、どう差をつけていくかが難しいですね。

　　　そのため私の授業では、グループ内での貢献度を、最後に相互評価という形で点数として付けてもらっていました。学生同士では甘い評価を付けあうかなと思っていたのですが、フリーライダーにはみんな低い評価をきちんとつけていて、こちらの認識と一致していました。教員から見ていて、授業にちゃんと取り組んでいないと思っている学生が、グループのメンバーから見てもそうなのかを確認するためには工夫がいるかなと感じています。

標葉　私も福山さんと同じように、誰が何にどう貢献したのかは、学生らに相互評価をしてもらっています。授業の性質上、持ち帰りで取り組んでいる学生たちの活動が多く、そうした活動は教員からは見えにくいので。自分はこういう貢献をしましたといったことや、誰々さんに感謝したいことを具体的に書いてくださいと。チームメンバーへの感謝で誰々さんに何々してもらったという点を具体的に書いてもらうと、グループの中で負荷が偏っている場合は明確に見えてきます。授業での発言を見ても、大体そうだなということは見えてきますが。

　　　私の授業の場合、ゲーム自体の完成度は成績評価ではあまり比重が高くありません。代わりに、「選んだテーマについてあなたは、ゲームづくりを通してどのような気づきや学びを得たか」を具体的にレポートとして書いてもらい、制作ログと合わせて提出してもらっています。それは学生が個人で書くので、評価ではそちら

を重視して見ています。

中澤　そうですよね。手段としてつくるのであれば、本来学んでほしいことをしっかり学べているかを個人に尋ねるのがよいですよね。

標葉　ただ、すごくよいものをつくった学生は、やはり評価してあげたいなと思う気持ちはありますね。

中澤　そうですね。ほかには難しいことや課題はありますか？

標葉　あまりほかの人の参考になる話ではないかもしれないのですけれども、お金の手配が……。それこそ、ダーティプロトタイピングではごみも大量につくれと伝えているので、裏紙などを寄せ集めて使い回しますけれども、ほかの授業よりはお金がかかっているなと思いますね。

重田　それはありますよね。私の授業では、デジタルでつくるのですけれども、その前に、ワークシートを大量に使っています。印刷できる環境なのでいいのですけれども、そうではなかったら成り立たないかもしれないですね。

福山　つくることを行う授業には予算をつけてほしいとは思いますよね。

重田　そうですね。

中澤　ワークショップの場合は会場費がかかることもありますよね。

町支　僕は、10人ぐらいで一つのコミュニティーにしてなんとか盛り上げていくのですけれども、1年あるので途中でどうしても乗れない子が出てきます。その子をどうやって励ますかが、いつもすごく難しいです。ワークショップなので、ファシリテーターや、登壇する子もいれば、会場をつくったりワークシートをつくったりするといった環境づくりの役割にいずれ分かれます。その乗れない子がいつも環境づくり担当になってしまう傾向があります。できればファシリテーターしたい、という気持ちになって欲しいと思うんですが、そうならない子たちをどうやって励ましたらいいのかは、いつも悩みます。

重田　参考にならないかもしれませんが、私の授業の場合は個人の制作なので、自分がつくり通すことは、自分の責任になるわけです。だから、そこは学生にきちんと言うようにしますね。最後までつ

くり通さないと単位もらえませんよ、と。授業の後半になると学生は課題などで他の授業も忙しくなるので、学習動機を高めるために相互評価が入っているのは効果的かもしれないです。例えば学生たちが褒め合った場合。「デザインがいいですね」とか「内容が分かりやすかった」とか。

中澤　気持ちは上がりますよね。

重田　だから、やめちゃおうというよりは、今できる精いっぱいのものを提出するというところまでは持っていけているかなと思います。グループでつくることを取り入れた授業の難しさを、皆さんのお話を伺って感じました。

福山　私の授業は、幾つかのフェーズに分かれています。教材をつくるフェーズ、実践するフェーズ、評価するフェーズ、発表するフェーズに分かれているので、例えば実践まで低調なら、評価はあなたが担当してやらなきゃ駄目だよとか、発表は、あなたが主導でしましょうねと、声掛けしています。

　　　学期途中まで出席して最後にフェードアウトするのはどうにもならないですが、途中少し欠席が続いて乗り遅れたという学生なら、評価、分析を頑張ろうとか、アンケートの集計を頑張ろうとか。違う活動が入っていると、次のフェーズから頑張ろうと促せば、挽回できますね。

中澤　さきほど貢献という話があったのですけれども、私は、つくる段階になってグループでの活動が中心になる時に、グループワークのルールを説明しています。そこで、どのような形でもいいから、グループに何らかの形で貢献をすることを心掛けてくださいと伝えています。

　　　今年の授業で面白かったのが、教材をつくる時にひたすら絵だけ描く学生がいたのです。グループで役割分担をして、その学生は絵が得意だから教材の絵だけ描くことになったようです。それも、その学生なりの貢献だと思います。貢献できる役割がグループの中にできると、多少モチベーションが下がっても、引き上げられるかなと思いました。

町支　伺っていて、環境づくりにばかりいってしまうことを自分がネガティブに捉え過ぎていたことに気づきました。むしろ、そういう形で貢献していたんだと、そういう見方で捉えるべきだったなと思いました。
　　　なぜそうなるかは自分でもよくわからないのですが、体育会っぽいノリが出ちゃうのですよね。「みんなでやろうよ」という感じがいいのだと思ってきたけれども、それで乗れないことをネガティブに思ってしまうのですが、それぞれの形で貢献していると思えばいいのですね。

中村　環境をつくっているならいいのではないか？と思いながら聞いていました。

町支　そうですよね。

中村　協力しないよりはいいのでは？と思って。

中澤　ちゃんと役割を果たしているということですよね。

重田　理想の学習者像みたいなものが、あるのでしょうね。

町支　多分そうです。自分自身がそれに引っ張られているのかもしれません。もっと多様な捉え方で良いのだなと思いました。

重田　同じことを学ぶにしても、生徒ごとに取り組み方が違うという考え方もありますしね。

標葉　グループワークでいうと、自分はどういう貢献をしましたかと聞

いた時に、ひたすらメモをちゃんと整理しましたという学生がいて。

中村　大事ですね。

標葉　グループワークで他の学生たちが言ったきりな状況になっていて、自分は積極的に前に出たり、アイデアを出したりすることができないから、ひたすらメモをとって整理をしましたと書いている学生がいて、それはその学生なりのチームへの貢献の仕方をしっかり見つけたのだなと思って。

中澤　大事ですよね。学生の感想で、確かにそういうことを書いている場合ありますね。

中村　つくることは大変だと思うのですよね。学生の負荷が大きい。得るものも大きいけれども、負荷も大きいから、気をつけなきゃいけないなと思っています。学習の内容の面では工夫してきたつもりで、あえて制約をかけるとかスモールステップで取り組めるようにという配慮はしてきたつもりなのですけれども、学習環境づくりのお手伝いはしてこなかったなと、今の皆さんのお話を聞いて思ったので、来年度はそこを課題にしたいと思います。

　僕もグループでつくってもらうのですけれども、実は1人で取り組むことも認めているのです。それは、中澤さんと一緒にやっているSDGsの授業も同じなのですけれども、「1人でつくりたいですか。みんなでつくりたいですか。どちらでもいいですか」という質問があって、1人でつくることを認めていて。

　その心は、中にはそういうことが苦手な人もいるからなのです。もちろん、さきほどおっしゃっていた共創力は大事なのですけれども、そこでつまずいちゃって、実は内容にすごく関心があるかもしれないのに授業には来られないとなると、もったいないなと思いまして。学びの個別化は認めているのですけれども。それが難しいなと思っています。あまり1人でつくりたいという人が今後増えると、こちらが面倒見切れないので、悩ましいなと思っていますね。

重田　SCL（Student Centered Learning）を突き詰めると、個別化教

育になっていくと思います。つまり、自分の中で価値があること
に取り組もうということで、合意形成して、グループで共通のテー
マや価値を見つけて取り組みましょうということもあるのです
けれども。ある意味、これは学生がバラバラに学習を進めていく
ことになりますが、それでいいのかな、という視点もありえます。
結局、なぜこのようなつくって学ぶ授業をするのかという疑問も
あります。

　私は、「みんなでつくる」ことがこれからの時代のジェネリック
スキルとして必要だと考えています。つまり、宣言的知識[5]は教
えればよい、自分で学べばよいとしても、それだけだと教育がう
まく立ち行かないことがあるから、つくって学ぶ授業のような、
学んだ知識を使う機会をつくる、例えばグループの中で協調する
とか、まさしく共創することが、社会人基礎力として重要だから
やっているのですよねという。ユニバーサル化した大学という側
面で、こういった教え方が必要なのではないかという考え方かな
と思います。学生には一緒に何かに取り組むことを方法としても、
経験としてもやってほしいので、ぜひそこはがんばって取り組ん
でください、というお願いもありなのかもしれないですね。

中村　そういう価値を伝えられるということですよね。

重田　そうです。そういう学び方を経験することに価値がある、と。

標葉　私の授業は、1人でつくるのは負荷が大きく、おそらく成り立た
ないので、だからこそシラバスに、共創で人と一緒に何か機能す
るものをつくることが重要な授業という点を明記しています。必
修の授業ではないので、そもそも、1人で作業したい学生は授業を
履修しないという立て付けです。

　ただ、大学全体として見た時に、グループワークが非常に重視
されていて、どんどん増えていっていますが、多様な発達特性を
十分に考慮できているかがとても気になっています。現状のやり
方ではグループの輪になかなか入れないけれども何がしかの社会
貢献ができるスキルを持っている人たちを排除することなく共創
していく方法や環境調整のあり方などを、どのように学べば良い

のだろうということは、私の授業では扱えていないなといつも思っています。社会の包摂性や多様性を考えた時に、発達の特性上、個人で一気に取り組んで、それがチームや社会にとても貢献することは大いにあり得ると思うのです。でも、それは私の授業では扱えていないなという悩みなのですけれども。

中澤　私もシラバスには、授業はグループワーク中心で進めることと、何らかの事情でグループワークが苦手な人は、別の評価方法や手段を取るので申し出ることを書いています。ただ、それを申し出てきた学生は、今のところいないです。そもそも誰かとつくるという内容を見て、学生自身が選択肢から外しているのかもしれませんが。

　溝上慎一さんの本[6]で、社会に出たら協働する力が必ず必要になるのだから、苦手でも取り組めるように工夫することが望ましいと述べられています。1人でつくることになっても、相互評価や短時間のペアワークに取り組んでもらうのがよいだろうなと思います。確かに難しい問題ですよね。

福山　今の話を聞いていて反省した点があります。私の授業はグループワークでやっていましたが、これは教員の管理の問題が大きかったなと感じるところがあります。特に教育工学研究法は選択必修ですので、シラバスや初回授業などでコラボレーション必須だと伝えてはいるけれども、グループワークが嫌で教育工学研究法の単位が取れなくて、希望のゼミに進めなかった人がいた可能性もあり、そこには配慮が必要だったなと思いました。でも、マンパワー等の都合で1人1人で制作をさせることは難しいですので、そこも含めてどうしたらいいのだろうと、すごく考えさせられますね。

中澤　難しいですね。特性が異なるいろいろな学生がいて、同じ活動に取り組むとなると、そこではいろいろな問題が出てくると思うので。

福山　他にはこういったタイプの授業では、学生の負荷がすごく高いですよね。授業時間外にも作業に取り組まねばならないというよう

なことを、みなさんはどのタイミングでどれくらい厳しめに言っているのかを教えてほしいです。

　私の場合、初回の授業で、相当に厳しく言って、そこからだんだん緩めていきます。たとえば、毎年フリーライダーはちゃんと判別して単位落としていますとか、教員やTAから見たら一目で分かりますよというようなことを伝えて、ちゃんとやらなければまずいという雰囲気を初回に作るようにしています。ただ、厳しい話をすると少し空気が悪くなるので、みなさんはどうしているのだろうと気になりました。

標葉　私も、負荷が大きいことは最初に強く言っています。ただ、先輩がつくったゲームを一緒に遊んで、楽しいよねと。先輩がこれを授業時間外も使ってつくったんだよ、ここまでつくり込むには授業時間内の取り組みだけでは無理だよねと伝えます。それに納得して、これをつくりたいと思う人だけが残って授業を受けるという感じですね。

中澤　私は、オープン教材の最後の授業で、授業時間外の作業時間をアンケートで聞いています。それを、次の年の授業で目安として学生に伝えます。あとは、教材をつくる授業回を1回分増やして計画を変更したこともあります。学生には、その日の授業中に終わらせる作業の目安を話して、そこまで終わらなかったら授業時間外の作業が出ることを伝えます。なるべく授業中に作業を終わらせるよう伝えます。

重田　でも、大学の場合は授業外学習の時間が長く設定されているので……。

中澤　本来はそういったことを伝える必要はないのですけれども。

重田　そうですよね。だから、僕は割とそこを使いますね。大学では授業外学習がそもそも必須なので、反転授業をやりますよと最初の説明で伝えます。結果としては、全体の1割くらいの学生が途中でドロップアウトするのですけれども、予習を含めてなかなか付いてくるのが難しかった学生だと思いますね。だからやはり、全員を救えているわけではありません。

町支　　僕は、最初には授業外に何かすることがあるとは言わないです。でも、結果的には取り組まないと間に合わないというタイミングは生じてしまうことが多いです。その時には「これ、来週このままだとどうなるかな……」とは考えてもらいます。

重田　　急に（笑）。「どうしよう」みたいな。

町支　　そのうえでやってくるとなれば「あ、やってくる？　ああ、そこはありがたい。ごめんね」みたいな感じで伝えます。

重田　　そんな感じで伝えるしかないですよね。

町支　　そうですよね……。基本的には授業外でやらなくていいように計画しているつもりなんですが、学生にできるだけ任せる授業であることもあって、進度は読めないんですよね。結果、授業外に求める部分も出てきてしまうことがある、という形です。

中村　　学生の様子を見ていたら、授業外で学生が集まるのは難しそうですよね。みんなほんと忙しいのだなと思っています。会おうという意思はみんな持ってくれていて、やろうとしているみたいなのですけれども、日程が合わないようですね。オンラインでの打合せですら。だから、その辺りもサポートしてあげられるといいなと思うのですけれども、いかんせん難しくて。教室の中だったらいくらでもできますけど、外となると難しいですね。

標葉　　確かに。私も学生には「授業時間外にみんなで集まるのは諦めなさい」と伝えています。

中村　　なるほど。

標葉　　確実にみんなで集まれるのは授業だから、みんながいないとできないことは授業で必ず取り組みましょうと。そして、個人でどこまで何を集めてくるかを決めて解散してください、個人作業は持ち帰ってください、と伝えています。

町支　　それはいい考えですね。

中澤　　確かに、個人作業は授業時間外、授業中はグループでの作業と位置づけるのはやりやすいかもしれないですね。

8. つくって学ぶ授業をする教員へのメッセージ

中澤 それでは最後に、つくって学ぶ授業を行いたいと考えている方へのメッセージ、アドバイスをお願いします。

福山 メリットでお話したことと同じですが、何かをつくって学ぶ授業を担当できることは幸せなことだなと思います。授業をしていて楽しいですし、自分が考えてもいないようなものが学生から出てくる楽しみがあるので、担当できる機会があるのであればぜひ、チャレンジしていただきたいなと思いますね。

おそらく1年目はうまくいかないことや、大変なことが多いと思うのですけれども、何年かやっていると、勘が分かってきてだんだん楽にもなるし、もっと楽しくなります。担当される際にはぜひ3年計画ぐらいで授業を良くしていくつもりで頑張っていただきたいと思います。

重田 私も、ぜひやっていただきたいと思います。これは、エリオット・アイスナー[7] が言っていることですけれども、自分の授業をよくするためには、自分の授業を批評してくれる「教育批評家」を持つことが重要だと。今日、こういう場で皆さんとお話しして、自分の授業の良い点と悪い点が見えてきたなと感じています。学習者中心の授業って、取り組んでいると、教育者の意図がだんだん見えなくなってくるのです。要は「つくる授業です」と進めていると、そもそも何を教えるべきだったのかなと、少しぼやけてくる部分があります。そのためにも、自分が取り組んだことをいろいろな場所で共有する機会を設けることは大事かなと思います。

町支 さきほどのよかった点に近くなるのですけれども、一緒に試行錯誤することを楽しめるかどうかが大切だと思います。初等中等教育の場でもよく言われることですけれども、自分が何かを教える側に立たなきゃいけないと意識しすぎると難しいのかもしれないです。学生と一緒に試行錯誤する授業だと開き直れれば、取り組みやすいのではないかなと思います。

あとは、いいものができてほしいと思いすぎると、なかなかそ

うならなくてつらくなるかもしれません。むしろ、うまくいかなくても楽しいというくらいの気持ちになれればいいのかな。
　……と言いながらも、うまくいってない時に介入し過ぎて学生に忖度させてしまうことがある自分とは、ギャップもありますけれども（笑）。でも、そういう悩みも含めて楽しいです。そもそもそういう試行錯誤する授業だと思っていればやりやすくなるのかなと思います。

標葉　私も一緒に試行錯誤するプロセスを楽しんで欲しいと思います。何かをつくって学ぶ授業の場合、教員と学生の距離感が共同研究や共同開発に若干近づくのかなという気がしています。試行錯誤のプロセスでの教員と学生との何気ない会話から見えてくることは、ほかのタイプの授業とはまた違って、とても楽しいです。

中村　ぜひ皆さんにやっていただきたいと思っています。今日、この座談会ですごくよかったなと思うのが、皆さんが試行錯誤していることが分かったことです。だから、8つの事例をこの本で学べるわけですけれども、別にそれをまねする必要は必ずしもないと思っています。ここにいる皆さんも、年によってやり方を変えていますし、授業の目的やクラスサイズ、TAがいるかいないか……そう

いう状況によっても使い分けされているわけなので、テーラーメードに、自分の目的に合ったつくる授業を行ってもらえるといいのではないかなと思います。

中澤　私も、すでに言いましたけれども、このタイプの授業は自分に返ってくるなと思っています。ぜひ、学生がどれくらい理解しているか分からない時にこそ教材をつくってもらうと、学生の理解度や、学習内容の捉え方が分かると思います。

〈デザイン原則〉

・授業における「つくる」ことの位置づけを明確にする：つくる方法をどの程度学んでほしいのかを決めておく
・グループの合意形成を促す仕組みをつくる：インプットや関心に基づいたグループ分け、合意形成そのものを授業の目標にすること、合意形成しやすい場をつくること
・何度もフィードバックする機会をつくる
・授業はグループ作業に使い、授業時間外は個人作業を行う

（注）
1)　先行オーガナイザーとは、「学習者が新たに習得の求められる学習課題を内的に取り入れて保持しやすいように、当該課題にかかわりの深い抽象的で概念的な枠組みをあらかじめ提示することで、意図的に学習者の認知構造を操作する情報のこと」（有斐閣　現代心理学事典）である。
2)　インストラクショナル・デザイン（Instructional Design）とは、「教育活動の効果・効率・魅力を高めるための手法を集大成したモデルや研究分野、またはそれらを応用して学習支援環境を実現するプロセスのこと」［鈴木克明（2005）e-Learning実践のためのインストラクショナル・デザイン．日本教育工学会論文誌，29(3)：197-205］である。
3)　iMovie は、macOS、iOS で使用可能な動画編集ソフトウェア。https://www.apple.com/jp/imovie/
4)　Sha, H., Sugiura, M., Nagashima, T., Shigeta, K. (2023) Relations Between Participation in Peer Review and Learning Outcomes in Online Learning. *Information and Technology in Education and Learning*, 3(1)：Sh-p002
5)　宣言的知識とは、「さまざまな事実についての知識で、『何か』（knowing what）に相当する知識」（有斐閣　現代心理学事典）である。

6) 溝上慎一 (2018) 学習とパーソナリティ―「あの子はおとなしいけど成績はいいんですよね！」をどう見るか. 東信堂

7) エリオット・アイスナーは、芸術批評をヒントにして、実際に学校や教室で起こっていることに焦点を合わせた評価・研究の様式である「教育的鑑識眼と教育批評」を考案した（ジョイ・A・パーマー・リオラ・ブレスラー・デイヴィッド・E・クーパー編著, 広岡義之・塩見剛一・津田徹・石﨑達也・井出華奈子・高柳充利訳 (2012) 教育思想の 50 人. 青土社, pp. 408-416)。

おわりに

　本書は、『東京大学のアクティブラーニング』（東京大学出版会、2021 年）の続編という位置づけのものです。今回は、アクティブラーニングのうち「つくって学ぶ」ことに焦点を当てて論じてきました。第 1 章では、教育において形成が期待される能力やその育成方法について概観したうえで、学習者中心の学習におけるデザインモデルである「所有・学習・共有 (Own it, Learn it, and Share it)」を参考に本書の枠組みを提示しました。すなわち、①何を誰に向けて何のためにつくるのか、②どのようにつくるのか、③つくって学ぶことの効果・利点といった項目です。この枠組みを踏まえて、第 2 章から第 6 章までは「教材をつくって学ぶ」具体例を計 5 つとりあげ、第 7 章と第 8 章では「授業をつくって学ぶ」具体例を計 2 つ、そして第 9 章では「ワークショップをつくって学ぶ」具体例を紹介しました。第 10 章には、「つくって学ぶ」授業での工夫や悩みについて執筆者全員で率直に意見交換をした座談会の模様を収録しました。

　こうした理論や事例に接して、読者の皆さんが自分自身の授業や学習にとりいれてみようと思ってくだされば、うれしく思います。ただ、本書の執筆者たちも常に試行錯誤を重ねています。その姿勢は本書刊行後も変わることがありません。そういった意味では、第 10 章の最後にまとめている「つくって学ぶ」授業におけるデザイン原則も、あくまでも現時点での試行錯誤の結果を提示しているに過ぎません。本書の内容をヒントとして読者の皆さんが工夫と改善を繰り返し、私たちがまだ気づいていない「つくって学ぶ」ことの魅力を見つけ、それを教えてくださるならば、これ以上にうれしいことはありません。

　最後になりましたが、本書の企画・編集に際しては、『東京大学のアクティブラーニング』に続いて、東京大学出版会・阿部俊一さんに大変お世話になりました。心より感謝申し上げます。

2024 年 9 月

東京大学大学院総合文化研究科・教養学部
附属教養教育高度化機構 EX 部門
若杉桂輔・中澤明子・中村長史

執筆者紹介
(執筆順)

若杉桂輔（わかすぎ けいすけ） はじめに

東京大学大学院総合文化研究科・教養学部附属教養教育高度化機構教授。専門は、分子生命科学・機能生物化学・タンパク質分子工学。京都大学大学院工学研究科博士後期課程修了。博士（工学）。米国マサチューセッツ工科大学生物学部博士研究員、米国スクリプス研究所分子生物学部リサーチ・アソシエート、京都大学大学院工学研究科分子工学専攻助手、東京大学大学院総合文化研究科広域科学専攻生命環境科学系助教授、同准教授を経て現職。2022 年に教養教育高度化機構初年次教育部門・部門長、2023 年より同機構 Educational Transformation 部門・部門長。2022 年より初年次ゼミナール理科運営委員会委員長。主な著作に、『科学の技法　第 2 版（東京大学「初年次ゼミナール理科」テキスト）』（東京大学出版会、2024 年、共編著）などがある。

中澤明子（なかざわ あきこ） はじめに、第 1 章、第 5 章、第 7 章、第 10 章

東京大学大学院総合文化研究科・教養学部附属教養教育高度化機構特任准教授。専門は教育工学。大阪大学大学院人間科学研究科修了。博士（人間科学）。東京大学教養学部附属教養教育高度化機構特任助教、東京大学大学総合教育研究センター特任助教、東京大学大学総合教育研究センター 助教を経て現職。主な著作に、「対面授業での異なるジグソー法に対する学生の認識」『日本教育工学会論文誌』47 巻増刊号、「オンライン授業におけるジグソー法の授業設計・運営に関する検討」『日本教育工学会論文誌』46 巻 4 号、『東京大学のアクティブラーニング』（東京大学出版会、2021 年、共著）などがある。

中村長史（なかむら ながふみ） 第 2 章、第 6 章、第 7 章、第 10 章

東京大学大学院総合文化研究科・教養学部附属教養教育高度化機構特任講師。専門は国際政治学。東京大学大学院総合文化研究科国際社会科学専攻博士課程単位取得退学。博士（学術）。東京大学大学総合教育研究センター特任研究員、東京大学教養学部附属教養教育高度化機構特任助教等を経て現職。主な著作に、「新しい戦争からの出口の条件」『年報政治学』2021-II 号、『ウクライナ戦争とグローバル・ガバナンス』（芦書房、2024 年、共編著）、『東京大学のアクティブラーニング』（東京大学出版会、2021 年、共著）などがある。

標葉靖子（しねは せいこ） 第 3 章、第 10 章

実践女子大学人間社会学部社会デザイン学科准教授。東京大学教養学部附属教養教育高度化機構客員准教授（兼務）。専門は科学技術社会論・科学コミュニケーション論。京都大学大学院生命科学研究科博士後期課程修了。博士（生命科学）。帝人株式会社新事業開発グループ、東京工業大学環境・社会理工学院イノベーション科学系助教等を経て現職。主な著作に『残された酸素ボンベ―主体的・対話的で深い学びのための科学と社会をつなぐ推理ゲームの使い方―』（ナカニシヤ出版、2020 年、共著）、『現場の大学論―大学改革を超えて未来を拓くために―』（ナカニシヤ出版、2022 年、共著）などがある。

重田勝介（しげた かつすけ）　第4章、第10章

　北海道大学情報基盤センター教授。大学院教育推進機構オープンエデュケーションセンター副センター長・オープン教育開発部門長。専門は教育工学・オープンエデュケーション。大阪大学大学院人間科学研究科修了。博士（人間科学）。東京大学助教、UC Berkeley Educational Technology Services 客員研究員を経て現職。主な著作に、『オープンエデュケーション』（東京電機大学出版局、2014年）、『ネットで学ぶ世界の大学 MOOC 入門』（実業之日本社、2014年）、『デジタルアーカイブ・ベーシックス 知識インフラの再設計』（勉誠出版、2022年、共著）などがある。

福山佑樹（ふくやま ゆうき）　第8章、第10章

　関西学院大学教務機構ライティングセンター教授。専門は教育工学。早稲田大学大学院人間科学研究科修了。博士（人間科学）。東京大学教養学部附属教養教育高度化機構特任助教、明星大学明星教育センター特任准教授、関西学院大学教務機構ライティングセンター准教授を経て現職。主な著作に、『残された酸素ボンベ―主体的・対話的で深い学びのための科学と社会をつなぐ推理ゲームの使い方―』（ナカニシヤ出版、2020年、共著）、『シリアスゲーム（メディアテクノロジーシリーズ)』（コロナ社、2024年、共著）などがある。

町支大祐（ちょうし だいすけ）　第9章、第10章

　帝京大学教職大学院准教授。専門は教師教育、教育経営学。東京大学経済学部卒業後、筑波大学附属駒場中高等学校講師、横浜市立中学校教諭を経て研究の道へ。東京大学大学院教育学研究科修士課程修了、博士課程単位取得満期退学。修士（教育学）。青山学院大学助手、東京大学特任研究員、立教大学助手を経て、2019年4月より帝京大学講師、2024年より現職。教員の学びや組織開発、人事異動等について研究を行っている。主な著作に、『教師の学びを科学する』（北大路書房、2015年、共著）、『データから考える教師の働き方入門』（毎日新聞出版社、2019年、共編著）、『学習者主体の「学びの質」を保証する』（東洋館出版、2023年、共著）などがある。

つくって学ぶアクティブラーニング

2025 年 2 月 28 日　初　版

［検印廃止］

編　者　東京大学教養教育高度化機構
　　　　EX部門

発行所　一般財団法人　東京大学出版会

代表者　中島隆博

153-0041 東京都目黒区駒場4-5-29
https://www.utp.or.jp/
電話　03-6407-1069　Fax 03-6407-1991
振替　00160-6-59964

装　幀　水戸部功
組　版　有限会社プログレス
印刷所　株式会社ヒライ
製本所　牧製本印刷株式会社

© 2025 Division of Educational Transfomation,
Komaba Organization for Educational Excellence
(KOMEX), The University of Tokyo, Edtiors *et, al*
ISBN 978-4-13-053201-3　Printed in Japan

JCOPY 〈出版者著作権管理機構　委託出版物〉
本書の無断複写は著作権法上での例外を除き禁じられています.
複写される場合は,そのつど事前に,出版者著作権管理機構
(電話 03-5244-5088,FAX 03-5244-5089,e-mail: info@
jcopy.or.jp) の許諾を得てください.

東京大学のアクティブラーニング　　　　　　　　　A5・2700 円
　東京大学教養教育高度化機構 アクティブラーニング部門編

学習評価ハンドブック　バークレイ他著　　　　　　B5・9800 円

アクティブラーニングのデザイン　永田敬・林一雅　46・2800 円

学習環境のイノベーション　山内祐平著　　　　　　A5・3600 円

Active English for Science　東大 ALESS 編　　　B5・2800 円

科学の技法　第 2 版　　　　　　　　　　　　　　　B5・1800 円
　東京大学教養教育高度化機構 Educational Transformation 部門他編

東京大学駒場スタイル　東京大学教養学部編　　　　B5・2500 円

ここに表示された価格は本体価格です．御購入の
際には消費税が加算されますので御了承下さい．